維新と興亜

道義国家
日本を
再建する
言論誌

令和5年
11月号

【第21号】

崎門学研究会・
大アジア研究会
合同編集

題字
柳田泰山

維新と興亞

令和五年十一月号

【巻頭言】岸田総理は新自由主義者の軍門に降ったのか

新自由主義からの脱却を模索してきた岸田総理は、ついに新自由主義者の軍門に降ってしまったのだろうか。岸田総理は、十月二十三日に行った所信表明演説で、新自由主義者たちが待望しているライドシェア導入の検討を表明したからだ。ライドシェアとは、個人のドライバーが自家用車を使って乗客を運ぶサービスだ。

しかし、ライドシェア導入に踏み切った国では、ドライバーによる乗客殺害など深刻な問題が起きている。タクシー業界では運転者の労働時間をきちんと管理し、運転者の健康状態を把握し、疲労、飲酒等をチェックしている。また、車両の整備、安全点検も厳しい基準が義務づけられている。しかし、ライドシェアでは運転者や車両に対する厳格な管理やチェックができない。

こうした反対論を突破すべく、ライドシェア解禁を訴えてきたのが、楽天グループの三木谷浩史氏や竹中平蔵氏である。竹中氏は二〇一六年十一月の未来投資会議で、ライドシェアなどについて「先行する特区での取り組み、国際的な規制動向など、新たな状況変化に機動的に対応して制度設計する必要がある」と述べていた。

そしていま、ライドシェア導入に向けた言論工作を加速しているのが、今年二月に旗揚げした「制度・規制改革学会」(改革学会)である。代表理事に就いた八代尚宏氏は、労働分野の規制改革を推進し、格差の拡大をもたらしたと批判されてきた人物だ。

そして、竹中平蔵氏と八田達夫氏が改革学会の理事に就き、岸博幸氏、原英史氏ら約四十人の新自由主義者たちが発起人に名を連ねた。設立総会には、小泉政権時代に規制改革を推進した宮内義彦・元オリックス会長も顔を出した。

規制改革推進を主張する学者たちを結集した改革学会は、岸田政権を新自由主義路線に引き戻すための圧力団体と言っていい。八代氏は「岸田政権になって規制改革はむしろ逆行し、何でも国に頼る、社会主義的な政策になっている」と批判し、「与野党の新たな政策立案を支援する」と明言している。

九月十四日には、改革学会有志が意見書「タクシー不足問題の迅速な解決を求める」を発表し、「世界では……ライドシェア産業は第四次産業革命の象徴として極めて重要な成長分野となり、大きな企業が成長した。しかし、日本はこうした成長機会を逸してきた」と説いている。この時期、八代氏は自ら『毎日新聞』（九月十五日）や「プレジデントオンライン」（九月二十八日）で、ライドシェア解禁を訴えてきた。

こうした新自由主義者たちの動きに呼応しているのが、九月十三日の岸田政権の内閣改造で新たに設けられたデジタル行財政改革（ＤＸ）担当大臣を兼務することになった河野太郎氏だ。河野氏は、制度・規制改革学会の設立総会にビデオメッセージを寄せ、「国政の立場からみなさんと一緒に改革を進めていきたい」と述べている。そして、九月二十二日の会見で河野大臣は、ライドシェア解禁に向けた議論に着手する方針を表明したのである。

一方、日本維新の会は一貫してライドシェア解禁を強く主張してきた。ライドシェア解禁は維新八策にも盛り込まれている。そして、竹中氏、八代氏、八田氏がアドバイザリーボードに名を連ねるＮＰＯ法人万年野党が九月二十六日に開催したライドシェアをテーマとするワークショップには、音喜多駿氏、浅田均氏、東徹氏といった維新の会議員が参加していた。維新の会は、改革学会の意向に沿った動きを強め、岸田政権に圧力を加えるだろう。

改革学会は、ライドシェアのみならず、林業分野の規制改革を求めて動き出している。岸田政権を新自由主義路線に引き戻そうとする改革学会の動きを、今こそ封じ込めなければならない。

（坪内隆彦）

【時論】熊谷千葉県知事に提出した「対中非難要望書」に関する議論

千葉県議会議員　折本龍則

先般の福島原発アルプス処理水放出に対して、中国共産党政府は我が国からのすべての水産物の輸入を停止した。実は筆者が県議を務める千葉県は、東日本大震災の発生時から、水産物はおろか全ての農林水産物の輸入を止められている。このことを知らない県民も多いのではないか。これまで政府は中共政府に対して、「科学的根拠に基づいた対応」を求めて来たが一向に埒が明かない。

そこで先日、本県の農林水産業者の怒りと苦しみを代弁すべく、熊谷俊人知事に対して要望書（「先般の福島原発処理水放出を受けた中国政府による我が国への不当な措置を強く非難・抗議し、本県として政府に対し、中国への毅然たる対抗措置を講じるよう求める要望書」）を提出した。全文は長くなるので要点をかい摘んで説明すると（全文はＱＲコードからご一読願いたい。）

①これまで千葉県に輸出規制を課した55か国のうち48か国が解除したなかで中国のみが全面禁輸を続けてきた。その経済損失は莫大である

②中国は原発処理水を「汚染水」と喧伝しておきながら、自国の原発は福島原発を遥かに上回るトリチウムを排出し、中国の漁船は我が国近海で操業している

③これまで千葉県は毎年政府へ中共政府に対する「科学的根拠に基づいた対応」を求めるよう要望してきたが効果がない。以上の理由により中国への報復措置を含めた毅然たる対応を政府に求めるよう要望したものである。

この要望書に対し、次の様なご指摘を頂いた。

①処理水は安全か。ＡＬＰＳはトリチウムは除去できても、ストロンチウムなどそれ以外の放射性物質を除去し切れていないと言われる。今回の海洋放出は、政府がその方針を決めるや否や米国国務省が賛意を示し、エマニュエル駐日米国大使が福島の魚を食べに行くなど、アメリカの指令であることが明白である。ト

リチウムばかりをクローズアップする作為的な結果を「科学的」などと称しているのが日米政府の態度である。

②原発は対米従属の象徴である。そもそも現在の日本の原発は、戦前からあった日本の原子力研究を、正力松太郎や中曽根康弘が叩き潰して作り上げたものである。正力はＣＩＡのスパイであり、政界への野心から進んでスパイとなったようだが、その正力のスパイとしての仕事が「メディア」と「原発」であった。福島原発も当然アメリカ製であり、原発を容認する限り日本をエネルギー面でも依存させるアメリカの戦略の中にある。この「そもそも論」を問うべきではないか。

まず①に関し、たしかに筆者も原発を推進する側の国や国際機関が安全と言っているからといって、それを鵜呑みにするほどナイーブではないが、上述したような中国政府の不誠実なダブルスタンダードを非難しているのであって、これは科学的な次元の議論ではなく、両国間の外交問題であるとの認識に立った対応を求めるものである。

②に関しては、正力は確かにＣＩＡのリストに名前が載っているが、彼が我が国に原発を導入した真の目的は原爆の製造であり、我が国が、原子力の平和利用を義務付ける米国製の原発を忌避して、最初に導入したのは英国製の原発であった。原爆は対米自立のために必要だ。いまは、日立や東芝、三菱重工など国産原発の製造も進んでおり、「１９７０年以降に日本で営業運転を開始した原発の国産率は90％以上」とも聞く（これも原発を推進する経産省傘下の資源エネルギー庁の説明なので検証の必要はあるが）。

たしかに原発はないに越したことはないが、石油なきが故に大東亜戦争を戦い敗れた我が国にとって、原子力は必要悪のエネルギーである。処理水のリスクは最小化すべきだが地上保管には限界がある。それに東日本大震災で原発事故が起こったのも、東電が民営化されたせいで、本来国営で管理すべき原発の運営にコスト計算の観点が持ち込まれ、津波への防波堤を必要以上に低くしたのも遠因ではないか。長期的理想と短期的現実の弁証法の中で議論を重ねていきたい。

対中非難要望書

国民皆保険制度はいらないのか？　新浪剛史氏の発言が波紋を呼んでいる。サントリーホールディングス社長にして経済同友会の代表幹事である新浪剛史氏による、「国民皆保険ではなく、民間がこの分野を担っていったらどうかと思います」との発言があったためだ。新浪氏は経済財政諮問会議の議員でもあり、政権に影響力を持つ。こうした人物が国民皆保険の解体と受け取られる発言をしたため、インターネット上でも「炎上」状態となった。他にも以下のような発言がある。

「マイナンバーって大変重要なインフラですので、これは後戻りを絶対にしてはいけない」

「（紙の）健康保険証の廃止については必ず実現するよう、納期に向けてしっかりやっていただきたい」

こうした発言は日本の公的医療を崩壊させるものであり、とうてい看過することはできない。奇蹟とも呼ばれる日本の皆保険制度を一度解体してしまえば、二度と同じ仕組みを作ることはできないのだ。

そもそも新浪氏はアメリカでMBAを取得して日本に戻ってきて「プロ経営者」になった新自由主義者として名高い人物である。そうした人物の発言だからこそ社会的に大きな反応があったのだともいえる。

実は新浪氏はダボス会議のメンバーであり、そうした人物が国民皆保険に言及したということは、これは国民皆保険制度を崩壊させ、「民間」という名のアメリカ資本に日本を売ることが目的だと考えることができる。郵政民営化以来繰り返されてきた、外資への国民資産の売却がまた行われかねない事態なのである。

詳しい読者には言うまでもないことなのだが、郵政民営化によってかんぽ生命のがん保険がなぜかアフラックのがん保険に切り替えられ、もはや郵便局はアメリカ保険会社の代理店と化してしまった。これこそが郵政民営化が行われた目的であったという人もいるほどのことが起こったのである。国民皆保険が解体されることで、今回もまた同様のことが起こりかねない。

本誌副編集長　小野耕資

新浪氏は、想像以上にネットが「炎上」したことで慌てたのか、「(日本の)国民皆保険は、世界に誇れる素晴らしい制度であり、ぜひとも持続可能なものにしていかなくてはならないと常々考えている」と釈明会見を行った。前述の発言とかみ合わない苦しい釈明である。ぜひとも今後とも追及されるべきであろう。

ところでネット上で面白い意見があったので紹介したい。新浪氏の発言はあくまで観測気球であり、すぐ撤回することもはじめから織り込み済みだったのではないか、というものだ。そもそもマイナンバーも国民皆保険も新浪氏のビジネスには短期的に無縁である。つまり実際やめようとしたら国民からどんな反応が来るか知りたい勢力が、新浪氏に発言を頼んだのではないか、というのだ。こうなると新浪氏もまた駒であり、より奥にいる政権幹部、さらには海外グローバリストの影までもが感じられる。新浪氏の悪名高い「四十五歳定年制」の主張もそれに近いところがあった。ぶっ飛んだ発言をして、どこまで世間が受け入れるのか様子を見るというところがある。具体的な証拠はないが、充分あり得ることではないだろうか。

そんな新浪氏はローソン社長時代のパワハラが「週刊新潮」に暴かれている。新浪氏はすぐ怒鳴る、襟元をつかんで罵倒するといったことは日常茶飯事で、クビだ!給料泥棒!などの人格否定の暴言、恫喝もしていたという。さらには部下に携帯電話を投げつける等のこともしていたという。こうした管理能力の疑われる人物に国の経済が左右されること自体が問題だ。

アメリカの医療費は世界で最も高額なことで知られている。盲腸にも罹れないなどと言われ、低所得者医療の崩壊が社会問題になっている。公共サービスに市場原理を導入したら、階層的になり、富裕層向けのサービスは充実する一方で貧困層向けのサービスは縮小する一方となり、経済格差はますます拡大する。

かつて明治天皇は「施療済生ノ勅語」を桂太郎総理大臣に下され、困窮する国民にも公的資金を拠出し医療を提供すべく指示された。それが恩賜財団済生会の起こりなのである。われわれは公的医療制度が日本國體にかなうものであることを今一度確認するとともに、グローバリストの策動を許さぬよう立ち上がるべきなのだ。

大東亜会議に参加した各国の代表者たち

大東亜会議八十年
アジア主義の理想と現実

八十年前の昭和十八（一九四三）年十一月五、六日、東京で大東亜会議が開催され、東条英機総理、フィリピンのラウレル大統領、ビルマのバー・モウ首相などアジア各国の指導者が参加した。史上初の有色人種によるサミットだ。

この会議で採択された大東亜共同宣言は、道義に基づく共存共栄の秩序、自主独立や伝統の尊重、互恵的関係、人種的差別の撤廃などを謳い、欧米主導の国際秩序の変革を求めた。

しかし、当時の日本政府の政策にこの宣言に矛盾する側面があったことは否定できない。日本がアジア諸国と真に互恵的な提携を確立するのかについては、参加した指導者の中にも疑念があったようにも見える。例えばラウレル大統領の「大東亜共栄圏はこれを形成する或る一国の利益のために建設せらるるものではないのであります」という発言は、日本政府にクギを刺したものとも受け取れる。

玄洋社の志士たち（前列左から三人目が頭山満）

同年五月三十一日に決定された「大東亜政略指導大綱」に「マライ」「スマトラ」「ジャワ」「ボルネオ」「セレベス」について「帝国領土ト決定シ重要資源ノ供給源トシテ極力之ガ開発並ニ民心ノ把握ニ努ム」と書かれたように、日本政府はアジア諸民族の独立よりも重要資源の確保を優先していた。

遡れば、明治以降の日本政府の政策の基調は、欧米列強との協調であった。例えば、日本政府は一九〇七年にフランスと日仏協約を結び、日本はフランスのインドシナ半島支配を容認、ベトナム人留学生による東遊運動を取り締まることを約束した。

アジア主義が政策に導入されるようになったのは、一九三三年にわが国が国際連盟を脱退し、列強との協調が困難になるとともに、世界的に地域主義が高まってからのことである。確かに大東亜戦争の過程で強まった「大東亜共栄圏」というスローガンには、アジア主義者たちが唱えてきたアジア諸民族の独立、アジア解放という理念が取り入れられた。しかし、アジア主義の理想は、政策においては実践されなかった。

頭山満らのアジア主義者たちが何を目指していたのかを、いま改めて考える必要があるのではないか。

祖父頭山満の大アジア主義

呉竹会会長　頭山興助

大東亜共栄圏の理想と現実

――昭和十八（一九四三）年十一月に大東亜会議が開催されてから八十年が経ちます。十年前の平成二十五（二〇一三）年十一月には、頭山先生と加瀬英明先生を開催実行委員会共同代表として、「大東亜会議七十周年記念大会」が開催されました。大東亜会議の意義についてどのようにお考えでしょうか。

頭山　大東亜会議には中華民国の汪兆銘、満州国の張景恵、フィリピンのラウレル、ビルマのバー・モウ、タイのワンワイタヤーコーン、インドのチャンドラ・ボースが参加しました。

全会一致で採択された大東亜共同宣言には、「大東亜各国ハ相提携シテ大東亜戦争ヲ完遂シ大東亜ヲ米英ノ桎梏ヨリ解放シテ其ノ自存自衛ヲ全ウシ…大東亜ヲ建設シ以テ世界平和ノ確立ニ寄与センコトヲ期ス」と書かれています。また、綱領には自主独立の尊重、伝統の尊重、互恵的関係、人種的差別の撤廃などが謳われました。

こうした宣言を世界に発したからこそ、戦後アジア諸民族は独立を果たすことができたのだと思います。タイのジャーナリスト、ククリット・プラーモートは次のように書いています。

「日本のおかげで、アジア諸国はすべて独立した。日本というお母さんは、難産して母体をそこなったが、生まれた子供はすくすくと育っている」

私は、日本が大きな犠牲を払って列強に挑み、アジア解放という理念を唱えたからこそ、アジア諸民族は独立できたのだと思います。欧米列強も、アジアに手を出すことに懲りたのでしょう。

いかにGHQが戦勝国の歴史観を植え付けようとしても、欧米列強の植民地支配に苦しめられてきた多くのアジア人が、大東亜戦争の意義を理解しています。その証拠に、戦後も東南アジアの多くの国が親日的であり、日本との関係強化を望んでいます。

戦後の歴史観によって、多くの日本人が大東亜共栄圏を誤解しています。大東亜会議の意義について考える機会を繰り返し設けることによって、日本人が正しい歴史観を取り戻すことを期待しています。

――欧米の秩序は、力によって抑えつけるという覇道によるものでした。しかし、大東亜会議では、対等な立場での助け合いという考え方に基づいた新たな秩序が提唱されました。十年前の「大東亜会議七十周年記念大会」では、チャンドラ・ボースの兄の孫であるスルヤ・ボース氏が記念講演し、大東亜会議におけるチャンドラ・ボースの発言を紹介しました。

「自由となった諸国民の会議であり、聖なる正義の原則、国家主権、国際社会での相互扶助、相互援助の原則に基づいて、新世界秩序を生み出そうという会議なのです」

大東亜会議でこのように崇高な理想が唱えられたことは事実ですが、日本の政府・軍が進めていた政策とは乖離があったのではないでしょうか。

頭山　近代化を推進する過程で、日本の政策には間違った部分もありました。また、政府の主導で唱えられた大東亜共栄圏の現実にも問題はあったかもしれません。非常に残念に思うのは、日本の軍、政府が、アジア諸民族の独立、アジアの解放を、戦争によって成し遂げようとした時、あらぬ方向へ行ってしまったことです。当時の日本軍のように強大になれば、軍の中には侵略的な気持ちも出てきたでしょう。軍の上層部にそうした考えを抱いた人もいたかもしれません。高潔な軍人もいましたが、残念ながらそうではない軍人もいたでしょう。

朝鮮開化派リーダー・金玉均を支援

――御祖父様である頭山満翁は大アジア主義を唱

え、祖国の独立や再生を目指す多くのアジアたちを支援しました。

頭山 例えば祖父は、朝鮮の金玉均を支援しました。金玉均は清国に追従する朝鮮の守旧派（事大党）勢力に対抗する開化派指導者として活躍した人物です。

金は、明治十七（一八八四）年十二月四日、閔妃を中心とする親清派の一掃を目指して決起し、政権を獲得しました。甲申政変です。金らが掲げた方針には、「事大外交を廃し、独立国家の威信を保ち、門閥の打破と人民平等の権をあげて両班貴族の専制を排除する」と書かれていました。

頭山満

ところが、閔妃一派は清軍に保護を求め、開化派の政権はわずか三日で崩壊してしまいました。その結果、金は日本への亡命を余儀なくされたのです。そんな金を庇護し、その再起を支援したのが祖父たちでした。祖父は次のように振り返っています。

「初めて金玉均と神戸で落ち合ったのは三十歳の時で、彼は三つ四つ年上ぢゃったが、話をして居る内に、彼が非常な才物であるということと野放図な所もある珍しい剛の者であることを見抜く事ができた」

日本、朝鮮、清朝三国の連携という構想の実現を目指した金は、清国の有力政治家・李鴻章を説得しようと考えていました。そこで、彼は上海を訪れようとしたのです。祖父たちは、金の身の危険を案じて上海行きに強く反対していましたが、金は「虎穴に入らずんば虎児を得ず」として、ついに明治二十七（一八九四）年三月、上海を訪れました。ところが、彼は上海で暗殺されてしまったのです。金を射殺したのは洪鐘宇だとされています。この時、金の護衛として同行していた和田延次郎が金の遺髪と衣服の一部を密かに日本に持ち帰り、浅草本願寺で葬儀が営まれました。

金玉均暗殺によって、玄洋社の人たちは事大主義から抜け出せない朝鮮に違和感を持つようになったのだと思います。祖父たちは金玉均の霊は自分たちでお祀りしなければならないと考え、青山霊園に金の墓を建立したのです。

民族間の友好と平和

後列左から山田純三郎、戴季陶、李烈鈞、前列中央孫文、右隣頭山満。1924年11月25日 神戸オリエンタルホテル。

頭山 祖父はまた、孫文が目指したいわゆる中国革命を応援しました。しかし、日本人は孫文の限界、また当時の中国の人たちの限界も感じていました。日本の力を利用して革命を成し遂げたにもかかわらず、孫文は日本の意に反することをやろうとしていると考えたからです。大正十三（一九二四）年一月、孫文は国共合作の方針に沿って「連ソ・容共」という方針を打ち出しました。この年十一月に孫文は神戸を訪れていますが、内田良平先生が率いる黒龍会では「孫文は日本を裏切っている」という批判が強まっていたのです。祖父も、孫文に対するこうした批判を十分理解していましたが、それでも友人として孫文との会談を決意したのです。祖父がわざわざ神戸に、しかも一人で出向いて行ったのは、仮に東京で孫文と会うことになれば、内田先生が孫文を狙いかねないと考えたからなのです。それほど、孫文に対する反発は強かったのです。

その後の中国の歴史を見ても、日本で勉強した中国の人たちはことごとく日本を裏切っています。蒋介石にしてもそうです。蒋介石は日本と戦うために毛沢東とも手を握りました。

—— ただ、頭山満翁は、『巨人頭山満翁』を著した藤本尚則に対して、「真に亜細亜共存の大義から支那を助けるといふのであれば、たとえ支那が日本の厚意に対して忘恩の行為ありとするも、我は我だけの心を尽したものとして、愚痴などはいわぬものぢや。愚痴をいふ了見では、初めから他を世話する資格はない」と語っていたといいます。

頭山　祖父には、相手がどのように変わろうが、自らのスタンスは変えないという固い信念があったのでしょうね。祖父は、大アジア主義の理想は、決して思想だけの戦いではなく、民族間の友好と平和を願うものだと考えていたのでしょう。中国に対しても、最後の最後のところで、そのことを理解してほしいという願いを持っていたのだと思います。

ただ、中国は共産主義を簡単に受け入れられる国ですが、日本は御皇室をいただいている国なので共産主義は受け入れられません。

英国を敵に回してもアジア人を守ろうとした頭山満

――御祖父様はインド独立運動の闘士ビハリ・ボースを守りました。

頭山　アジア各地で独立運動に挺身していた人たちは、本当にひどい目に遭っていました。例えば、宗主国の弾圧を避け、隣の国まで逃げ出しても、結局その国の中で再び裏切られてしまう。そうした中で、アジアの独立運動家たちが日本を頼ったのは、日本が最も安全な国であり、何より日本には独立運動を支援してくれる日本人が存在していたからにほかなりません。

当時日本は、日英同盟を結んでいました。日本政府にとって当時のイギリスは、現在のアメリカのような存在でした。祖父をはじめとする玄洋社の人たちは、そのような時代に、イギリスを敵に回しても、独立を願うアジア人たちを支援しようとしたのです。現在の日本では考えられませんし、日本以外の国では考えられないことでしょうね。それが可能だったのは、国家権力に抵抗できるだけの力を玄洋社が持っていたからなのでしょう。

五・一五事件や二・二六事件で決起した青年将校たちの多くも、頭山満に尊敬の念を抱いていました。しかし、頭山満が蹶起について何か指図をしたわけではありません。頭山満の一挙手一投足を見ている人たちの精神が勝手に動いたんでしょうね。

――イギリスからの圧力によって、ビハリ・ボースには国外退去命令が出されていましたが、警察権力も頭山邸には手が出せませんでした。

頭山　警察力を凌ぐほどの力があったのでしょうね。頭山が「ああしろ」「こうしろ」と言わなくても、周囲がその意向を考えて動くような存在だったのだと思います。

頭山満は軍部の政策に全面賛成ではなかった

――　在野のアジア主義者たちは、東南アジアの志士たちも支援していました。

頭山　戦前、日本政府、軍部の人たちが掲げた「大東亜共栄圏」という発想も、大アジア主義から来ていると思いますが、もともと大アジア主義は大東亜共栄圏よりもはるかに広い範囲を対象として考えていました。実際、在野のアジア主義者たちは、大東亜戦争の範疇ではないところまで視野を広げ、津々浦々まで出かけて調査をしていました。特に黒龍会にはそうした人たちが大勢いました。例えば、内田良平先生はロシア語を学び、明治三十（一八九七）年にシベリア横断を試みています。ロシア国内の動向を把握するためです。また、在野の大アジア主義者たちは、中東・イスラム圏との交流も視野に入れていました。

いずれにせよ、大アジア主義の大きな目的は、欧米列強による日本やアジアに対する侵略を食い止め、彼らによる植民地支配を打破することでした。当時、アジア各地に民族は存在しても、国家は存在していなかったのです。例えば、ベトナムという民族は存在してもベトナムという国は存在せず、仏領インドシナが存在しただけです。アジア諸民族を独立するためには、欧米列強の力を削ぐ必要がありました。しかし、大アジア主義は、帝国主義的に版図を拡げていくということではありませんでした。

――　頭山翁は韓国併合にも満州国建国にも反対の立場だったとされています。東久邇宮稔彦王は『私の記録』の中で、「頭山翁は、人の国の衰運に乗じてその領土を盗むようなことが非常に嫌いで、朝鮮の併合も反対、満州事変も不賛成であつたが、殊に日華事変に対しては、日本の軍閥やその亜流の政治家が、独善的な新秩序論を唱えて、非道の侵略を企てることに心から憤つていた」と書いています。

頭山　祖父は、軍部のやったことについて全面的に賛成していたわけではありません。ただ、わが国の国防は無視できない問題でした。当時、極東でのロシアの勢力拡大は、日本の安全保障を揺るがす重大な問題でした。日本が満州への影響力を強めなければ、ロシアに取られてしまうという切迫した状況にあったのです。

ロシアは一貫して満州への進出を目指していました。日清戦争で日本は勝利しましたが、ロシアは三国干渉後の明治三十一（一八九八）年に清朝と旅順大連租借条約を結び、哈爾濱（ハルビン）から大連に至る南満州支線の敷設権を獲得しました。また、日本が満州馬賊に入り込もうとしたのも、彼らがロシアに利用されることを阻止するためでした。だから、祖父も満州と日本の関係を強固にすることには賛成だったと思います。

「中国が滅びて日本はどうしようというのか」

――頭山翁は、日中戦争勃発後、日中和平に努力しました。

頭山　祖父は一貫して日中和平を目指して動いていました。しかし、祖父は和平が実現できないことを非常に残念に思いながら、戦争末期の昭和十九（一九四四）年十月五日に亡くなりました。以前は、こうした祖父の活動を知っている人が、中国にも台湾にもたくさんいましたが、そういう人たちも次第にいなくなってしまいました。

私の父頭山秀三もまた、昭和十年代半ばから、粘り強く日中和平工作に動いていました。そのため、父は中国にも滞在していました。私のすぐ上の兄は上海で生まれています。父秀三が祖父満について語った放送原稿（『父を語る』昭和十九年十二月十二日）が残されています。この原稿には、亡くなる直前の昭和十九年九月末、祖父が父に話した言葉が記録されています。

「中国にまた行くか、元気で行ってこい、皆日華の全面和平を、とうていできんこととして、あきらめよるようだが、お前まで力を落としちゃいかんぞ。中国が英米と協力して、日本と相戦う、これは真実ではない、うそだ。うそはいかなるこだわりがあろうとも長くつづくものではない。中国が滅びて日本はどうしようというのか。俺は孫総理の心と、かつて蒋介石氏と約したことを、現代中国においても真正なる中国の心と信じ、中国の理想であることをうたがわない…」

また、放送原稿の結びには「日支事変の勃発を日本人として最も愚なこととしてこれを憂え、かつ慮りながら日華両国の国交は必ず純一無二なる国交が、日華の真理として近く結実することを断言してやまなかったのは、父でありました」とも書かれています。

戦後、父は公職追放されましたが、昭和二十七（一九五二）年二月に解除され、反共運動に乗り出しました。ところが、その直後の同年七月に踏み切り事故で急死しています。父の死には不可解な部分があると思っています。

「中国がいまあるのは頭山満先生のおかげです」と言った廖承志

――頭山先生は、福田赳夫政権時代の昭和五十三（一九七八）年八月八日に園田直外務大臣が日中平和友好条約調印のため北京を訪問した際、秘書として同行しています。

頭山　昭和四十七（一九七二）年九月に田中角栄総理が訪中し、日中共同声明に調印し、両国の国交は回復されましたが、平和友好条約は結ばれませんでした。当時、中国側は、条約の中に対ソ戦略としての「反覇権」条項を盛り込むことを主張していましたが、日本

日中平和友好条約に調印後、握手する園田直外相（左）と中国の黄華外相（昭和 53 年 8 月 12 日）

側はそれに難色を示していました。

こうした対立を抱える中で、園田先生は外相として条約締結のために訪中することになりました。その時、園田先生は田中角栄さんと会い「北京に行ってどのような話をすればいいだろうか」と相談しました。すると田中さんは、「君のところには、頭山君がいるじゃないか。彼を連れていけばいいんだよ」と言ったそうです。田中さんも、日中関係については相当勉強していたのでしょうね。

こうして、私は園田外務大臣に同行することになりました。飛行機が北京空港に到着し、赤い絨毯を敷くなどの準備している最中、「頭山さんはいらっしゃいますか」という声が前方から聞こえてきました。声の主は廖承志でした。私は当時まだ二十五歳で、秘書の立場でしたから、事務的なことを伝えに来たのかと思いました。ところが、廖承志は「中国がいまあるのは頭山満先生のおかげです。私は国を代表してその御礼に上がりました」と言ったのです。

私は、抜かりがない対応だと感心しましたし、外交というのはそういうものかとも思いました。

また、外交交渉は基本的に外務省が進めており、外務大臣のプライベートな側近は、通常こうした交渉の場には同席しませんが、祖父の存在があったからこそ、私はそういう席にも入っていたということです。

―― 廖承志の発言には外交辞令という面もあったのでしょうが、中国側が御祖父様に恩義があると考えていることは嘘ではないということですね。

頭山　嘘ではないですね。当時の最高指導者、鄧小平も日本のことをよく理解していたのだと思います。

―― 外務大臣の秘書として中国を訪れたことによって、台湾との関係に支障はなかったのですか。

頭山　もちろん台湾にはとても身近にお付き合いしていた人が大勢いました。ただ、一番上の兄の統一は、私が訪中する前にこう言いました。

「日本は未だに腰がふらついている。だから、中国と手を結ぶのはまだ早いと思う。しかし、国家が決めたことであり、お前は仕事としていくわけだ。ただ、中国に行く以上は、今後台湾の人とは中国の人以上に深い付き合いをしろ」

私も同じように思っていたので、その後も台湾の人とは非常に仲良くお付き合いしています。もちろん、一夜にして日本との国交を失った台湾の方のご苦労は、非常によく理解しております。

――日中平和友好条約が締結された昭和五十三年の時点では、日本人は日中関係の将来に明るい展望を持っていたのですね。

頭山　そうでしょうね。ここまで中国が覇権主義を強めるとは予想していませんでした。ただ、この傾向が強まったのは、習近平が国家主席に就いてからです。周恩来が亡くなったことは、中国の政治にも日中関係にも大きな損失だったように思います。

（聞き手・構成　坪内隆彦）

頭山満の「日中不戦の信念」

イシタキ人権学研究所所長　石瀧豊美

自律的に動いていた頭山満

――　石瀧さんが九月に出版した『頭山満・未完の昭和史　日中不戦の信念と日中和平工作』（花乱社）は、頭山翁についての定説を覆すものだと感じました。まず、これまで頭山翁が「日本の侵略政策の手先」などと否定的に評価されてきた理由について教えてください。

石瀧　歴史研究者たちが、政府の動きと頭山の動きを安易に重ね合わせてきたことが問題です。そもそも、玄洋社も頭山満も、政府の動きとは別に、自律的に動いていました。ところが、多くの歴史研究者たちが、頭山ら在野の動きを、政府の別動隊あるいは補完勢力のように扱ってきたのです。私はそうした研究方法に根本的な問題があったと考えています。

政府の対外政策には、領土や権益の拡大を目指していくという側面がありました。これに対して、頭山満ら在野のアジア主義者たちは、アジア各地の独立運動や革命運動と連帯するという姿勢で、朝鮮、中国、インド、フィリピンなどに関与していきました。善意から各国の独立運動や革命運動を助けるというのが、頭山らの立場でした。私は、頭山が自らの良心に基づいて亡命者たちを助けたことは、世界の歴史の中で誇るべきことだと考えています。

ところが結果的に、頭山らが関与した地域は、その後日本が植民地にしたり、占領した地域と大きく重なっています。そのため、在野の動きと政府の動きを一体としてとらえる歴史研究者には、頭山が政府の対外政策を先取りしたように見えてしまうのです。その結果、そうした研究者たちは「玄洋社は侵略政策の手先だ」と断じることとなるのです。

例えば、松方正義内閣は明治二十五（一八九二）年の総選挙で選挙干渉を行いましたが、その時玄洋社も選挙干渉に荷担したことから、玄洋社は政府の手先だという見方ができあがってしまいました。しかし、私はこの選挙干渉についても頭山らが独自の情勢判断に基づいて、主体的に行ったことだと考えています。

この時問題になっていたのは海軍拡張予算を通すかどうかですから、日清戦争を目前にした時期の国防のあり方が隠れた争点であったとも言えます。民党（善）と吏党（悪）という色分けでは真実が見えません。

蒋介石に信頼されていた頭山満

――GHQには、アジア主義を危険思想として葬ろうという明確な意図があったのではないでしょうか。GHQで暗躍したカナダの外交官ハーバート・ノーマンは、玄洋社を「日本帝国主義の前衛」と断じました。

石瀧　ノーマンは第二次世界大戦中のドイツとの類比で、ナチスやヒトラーに相当するものを日本社会に求め、玄洋社と頭山満をその論理で断罪しました。こうしたノーマンの考え方は、日本人の研究者に強い影響を与えました。『国史大辞典』は、玄洋社を「国家や軍部による大陸進出の尖兵」と記述しています。

竹内好以来、アジア主義における「連帯と侵略の併存」が主張されるようになりましたが、その色合いには濃淡があります。同じ孫文支援者でも、宮崎滔天や梅屋庄吉は無私が強調され、「連帯」の傾向が強いと評価され、頭山満や内田良平の場合は利権が強調され、「侵略」の傾向が強いと評価されてきました。今では「連帯と侵略の併存」という問題の設定そのものを問い直さなければなりません。私より若い世代の研究者が、いまだに竹内好に依拠していることには、信じられない思いです。

中島岳志氏の『中村屋のボース』は影響力があるだけに、そこに書かれた頭山評価は看過できません。中島氏は、〈彼（ラス・ビハリ・ボース）がここで非難する「従来の支那通なる人々」は、玄洋社・黒龍会のメンバーを含んでいると考えられる。この時、R・B・ボースは、頭山を筆頭とする日本のアジア主義者たちが「アジアの解放」やアジア民族の団結を訴えながら中国に対して帝国主義的態度をとっていることに対して、率直に非難の声をあげた〉と書いています。

しかし、ボースが批判しているのは、「支那を侵略すべし」と叫ぶ人たちや、有色人種は白人に劣ると考える人たちです。頭山満や玄洋社はその対極にいたはずです。私には、中島氏が頭山を貶めることによって、自分の説の正しさを主張しようとしているとさえ思えます。玄洋社と黒龍会を並列して一緒くたに論じることがすでに乱暴です。

私が『頭山満・未完の昭和史』で言いたかったことは、日本と戦争している蒋介石やその幕僚たちが頭山満に対する信頼を失っていなかったという点です。昭和四(一九二九)年六月一日、南京で執り行われた孫文の霊柩奉安祭(移柩式)に、頭山は犬養毅とともに招かれています。しかも、頭山は国賓として遇されていたのです。このことは、これまで無視されてきました。孫文の霊柩奉安祭における頭山の存在は過小評価されてきたのです。この場から、できるだけ頭山の姿を消し去ろうとする力学が働いていたように感じます。蒋介石が頭山を国賓として招いたという一つの事実が、従来の誤った頭山理解を一気に葬り去る破壊力を秘めています。

日韓併合に反対していた頭山満

――日韓併合について、頭山満翁はどう考えていたのでしょうか。

石瀧　これは、非常に大きなテーマであり、その前史としても「天佑侠」のように事実が確定していないことが多く、まだ事実の細部に分け入る必要があると考えています。現時点ではあるストーリーに基づいて断定的なことを言うことは、なかなか難しいのです。ただ、頭山が日韓併合(韓国併合)に反対であったことを示すいくつかの事実を指摘することはできます。

明治四十三(一九一〇)年の韓国併合より前に、内田良平らは韓国の李容九らと連携して日韓合邦運動を進めていました。彼らは、日本による併合ではなく、対等な立場を前提とした「合邦」を目指していたのです。仮に日韓合邦運動と韓国併合を連続的な過程と考えると、日韓合邦運動は韓国併合の前段階としてとらえられることになります。しかし、私は日韓合邦と韓国併合は全く別の動きであると考えています。実際、玄洋社の杉山茂丸の長男・夢野久作によれば、日韓合邦を目指した内田良平や李容九にとって、韓国併合は、日本政府に騙され、裏切られた結果だったのです。

東久邇宮稔彦は『私の記録』の中で、「頭山翁は、人の国の衰運に乗じてその領土を盗むようなことが非常に嫌いで、朝鮮の併合も反対……」と書いていました。東久邇宮は頭山と身近に接していた人物だけに、これは無視できない記事だと思います。

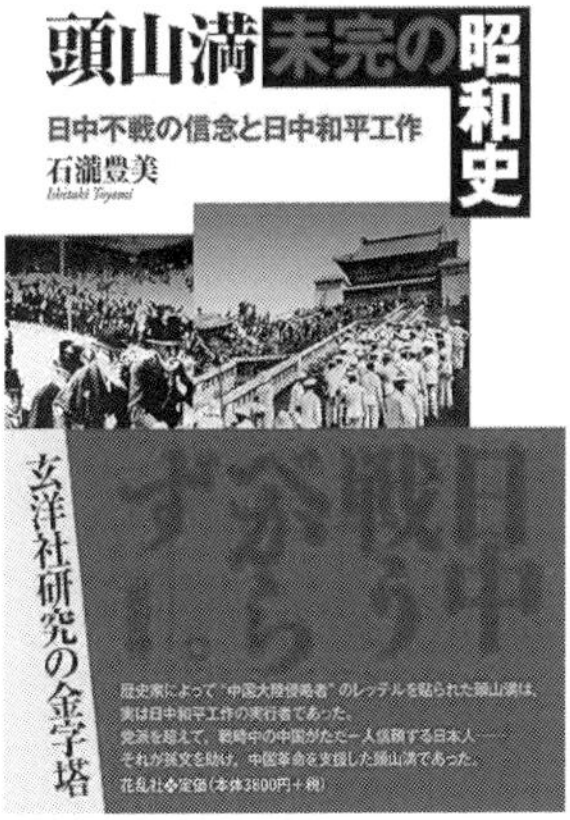
頭山満
未完の昭和史
日中不戦の信念と日中和平工作
石瀧豊美
Ishitaki Toyomi
玄洋社研究の金字塔
歴史家によって"中国大陸侵略者"のレッテルを貼られた頭山満は、
実は日中和平工作の実行者であった。
党派を超えて、戦時中の中国がただ一人信頼する日本人——
それが孫文を助け、中国革命を支援した頭山満であった。
花乱社◎定価（本体3800円＋税）

また、福岡の筥崎宮宮司の子に生まれた葦津耕次郎は、「朝鮮神宮御祭神に関する建白書」を出し、朝鮮の祖神祖王を祀る道を杜絶してはいけないと主張していましたが、この建白書には、頭山満や杉山茂丸も名を連ねていました。頭山らの玄洋社は、自国の文化を押しつけ、他民族の文化を軽視することに反対していたということです。

後年、葦津が「私は日韓併合に不満だった」と頭山に打ち明けると、頭山は「日韓併合に不満を感じてをつたのは俺一人かと思ったら、君もさうだったのか」と語ったそうです（『あし牙』昭和十五年）。

現時点では、断片的なエピソードしか提示することができませんが、こうしたエピソードを念頭に置いて資料を読み直せば、新たな発見があるかもしれません。

頭山談話を捏造した朝日新聞

――なぜ、これまで頭山満の日中和平工作に光が当てられなかったのでしょうか。

石瀧　私も不思議に感じています。そもそも、日中和平工作に関する本には汪兆銘の南京政府の樹立が大きく取り上げられていますが、日本の交戦相手である重慶国民政府から見れば、南京政府は重慶国民政府を切り崩すための謀略ですから、本来の意味で和平工作研究の対象となるのか疑問です。

私は、戦前の雑誌をかなり網羅的に分析した結果、同時代の人に頭山がどう見えていたのかがはっきりしてきました。その結果、頭山の日中和平工作こそが重要なポイントだと確信したのです。

また、戦前の新聞に掲載された頭山談話の問題点にも気づきました。例えば、『朝日新聞』昭和十六年十二月二十四日付に掲載された頭山談話は明らかに捏造だということがわかりました。頭山が実際には発言していない内容（神がかりで、国民を上から目線で鼓舞する）が意図的に付け加えられているのです。こうした捏造が行われたのは、戦時下において、威勢のいい頭山談話が読者に受けたからなのでしょう。つまり、頭山談話には、第三者の主観や思惑が入り込んでいるということです。

そして、戦闘的なイメージで頭山をとらえる人は、頭山が日中和平工作などするはずがないという思い込みさえ持っています。しかし、晩年の頭山をよく知る緒方竹虎が『我観』の昭和十九年八月号に書いた「頭山満翁と隣邦支那」は、次のように、頭山満は中国に対する膺懲論者ではないと断定するのです。

「来島〔恒喜〕の爆弾事件、対露同志会の運動等、国家の大節に当つて毎も当路者を戦慄させた翁〔頭山満〕中年の行蔵から考へると、支那に対しても常に強硬論、膺懲論の倡首なるかに想像されるが、事実は正反対で、翁のやうに終始支那の民衆に同情を有し、日支親善論、提携論で一貫した人は無い」「翁は日支事変の初めから全面的和平論者で（略）『須らく東亜の大局より一切の行掛りを一擲し、和平を実現』すべき旨を近衛〔文麿〕首相に書き送つた」

頭山満の「日中不戦の信念」

石瀧　昭和十三（一九三八）年一月十六日、近衛首相は「帝国政府ハ爾後国民政府ヲ対手トセズ」という政府声明を発表しました。この時、古島一雄が頭山に「くだらんことをするものですね」と言うと、「一番話のわかるやつを対手にせんで誰を対手にするや」と語ったそうです。
日中和平を願っていた東久邇宮稔彦は、頭山が蒋介石と会って和平交渉を進めるという構想を抱いていました。『東久邇日記』（昭和十六年九月二十四日）には、次のように書かれています。

〈私から次のように頭山に話した。

「……頭山が一個の日本人として、適当な場所で蒋介石に会って、アジア永遠の平和のため、またアジア民族のために、和平を勧告してはどうか。これがためには、時機を選ぶことがもっとも大切だと思う」

頭山は次のように答えた。

「頭山も日支問題について、かねて心がけています。頭山は年をとっておりますが、殿下のお考えのように致します」と〉

しかし、頭山派遣構想について、東條総理は「今は日支和平の時機ではない」と拒否したのです。

頭山には、いかなる理由があろうとも、日本が中国と戦争するなどということは考えられないという感覚があったのではないでしょうか。それは理屈を超えたものなので「信念」と表現しました。頭山が「日中不戦の信念」を抱いていたことを理解し、長年にわたって形成されてきた頭山像を根本から覆すときだと思います。

石原莞爾と頭山満

―― 頭山翁は、日中和平の推進という点では石原莞爾や東亜連盟の人々と同じ思いを共有していたように見えます。

石瀧　坪内さんが書いた『木村武雄の日中国交正常化―王道アジア主義者・石原莞爾の魂』を読み、自覚的に石原莞爾と頭山満という視点で資料を読む必要があると思いました。これまで読んできた資料の中で、見逃している点があるかもしれないからです。

『頭山満・未完の昭和史』にも書いた通り、陸軍大将・多田駿の手記によると、昭和十二年九月十日頃、多田は石原莞爾の献策に基いて、頭山満から蒋介石に対して和平を求める電報を打ってもらっていました。また、戦争末期には繆斌《みょうひん》を介した和平工作が試みられましたが、その人脈は石原莞爾を慕う人たちで占められていました。また、日本滞在中、繆斌がしばしば頭山邸を訪れていたとも伝えられています。

つまり、繆斌工作は蒋介石を対象とした頭山の和平工作の延長線上に位置づけられるのではないかということです。二つの和平工作、そして石原と頭山を結びつける人物が、緒方竹虎です。石原と頭山との距離は非常に近いということがわかります。今後、石原と頭山の関係について突き詰めたいと思っているところです。

アジアの民衆への同情

――在野のアジア主義者の中にも、政府の政策に迎合するようになった人がいます。こうした中で、頭山翁が信念を貫けた理由は何だったのでしょうか。

石瀧　先ほど紹介した緒方竹虎の「頭山満翁と隣邦支那」には、「翁のやうに終始支那の民衆に同情を有し、日支親善論、提携論で一貫した人は無い」と書かれています。ここには「支那の民衆」と書かれていますが、列強の植民地支配に置かれているアジアの民衆と拡大して考えてもいいと思います。

頭山の出発点は奴隷のように扱われている民衆への同情であり、損得や日本の国益ということではないのです。人間としての権利を奪われている人たちを解放し、新しい社会を作るということです。このように考えると、アジア主義の理解の仕方も随分違ってくるような気がします。

――頭山翁の行動を支えていた思想的基盤は何だったのでしょうか。頭山翁は若い頃に、男装の女傑と呼ばれた高場乱《おさむ》の塾で勉強しています。乱は石瀧さんの縁戚に当たる人物でもあります。

石瀧　私は、高場乱の父の兄の子孫に当たります。小学生の頃から、母から「親戚に、男装し男言葉を使い、男としてふるまった変わったおばあさんがいた」と聞いていました。それが高場乱だったのですが、昭和五十（一九七五）年九月二十日付の『西日本新聞』「無冠の群像」で、乱が取り上げられ、頭山は乱の弟子であったと書かれていました。私の頭山満研究は、その記事を読んだ時から始まったのです。

頭山満は、ある意味では男性的な原理の体現者のような一面があります。そうした頭山が男装した女性の塾で学んだという逆説が非常に面白いと思いました。

乱暴な人間に世間のルールを教えるのが通常の教育なのでしょうが、高場塾はそれとは逆に、乱暴者を萎縮させて世間のルールをわきまえるようにさせるのではなく、乱暴者にそのエネルギーの使いどころを考えさせる教育だったような気がします。だからこそ、乱は頭山満をただの人（常識人）にはしなかった。

頭山と同時代を生きた中江兆民は、『一年有半』（明治三十四年刊）の中で、頭山満について「大人長者の風有り、且つ今の世、古《いにしえ》の武士道を存して全き者は、独り君有るのみ、君言はずして而して知れり、蓋し機智を朴実に寓する者と謂ふ可し」と書いています。兆民の言う「古の武士道を存して全き者」とは結局、自分の生きている意味を問うことのできる人、自らの命を価値のあること―大義と言い換えてもよいでしょう―に懸けられる人なのだと思います。兆民が言いたかったのは、一言で言えば、頭山は武士道を生きた人、武士道を体現した人だということです。

玄洋社にいた来島恒喜は大隈重信外相の条約改正案に反対し、明治二十二（一八八九）年十月、大隈に爆弾を投じ、その場で自決しました。その是非はしばらく措き、来島がその行為を―成功か失敗かを問うこともなく―自ら裁いたことは疑いの余地がありません。医師であった高場乱は死期を悟り、医薬を拒否して静かに息を引き取ることを選びました。玄洋社の人たちに共通しているのは、自分の人生は、自分で結末をつけるということだったように思います。

（聞き手・構成　坪内隆彦）

大東亜会議の光と影

本誌発行人　折本龍則

世界史的な画期

戦時下の昭和18年11月5日から6日にかけて東京で開かれた大東亜会議には、我が国の東条英機首相を議長として、中華民国の汪兆銘国民政府行政院院長、タイ国のワンワイタヤコーン内閣総理大臣名代、満州国の張景恵国務総理大臣、フィリピン共和国のホセ・ラウレル大統領、ビルマ国のバー・モウ首相、自由インド仮政府のチャンドラ・ボース首班が出席した。この会議は、世界史上初の有色人種の国家指導者による国際会議であり、５００年以上に及ぶ白人支配の世界秩序を打破してアジアの諸民族による共存共栄の道義秩序が目指された点で世界史的な画期をなす出来事であった。会議において満場一致で採択された「大東亜共同宣言」では「一、大東亜各国は協同して大東亜の安定を確保し道義に基づく共存共栄の秩序を建設す」「相互に自主独立を尊重し互助敦睦の実を挙げ大東亜の親和を確立す」などの五か条が明記されたのである。

アジア侵略の大義名分か

もっとも、この大東亜会議は、本質的には「自存自衛」の戦争であった対米戦争に「大東亜解放」の大義名分を与え、我が軍の南方進出を正当化するための後付的な儀式であり、名目的な独立を与えた傀儡政権の指導者の寄せ集めとのマイナスの評価が下されてきた。しかし、先の大戦は開戦当初から「自存自衛」のみならず、東亜解放を目的としていた。たしかに開戦の詔勅では、蒋介石の南京政府と、蒋を支援する英米が「東亜の安定」をかく乱しているとし、帝国の「自存自衛」のためにやむなく決起したことが記されているが、大東亜の解放は謳われていない。しかし開戦と同日の12月8日に発表された「帝国政府声明」では、「而して、今次帝国が南方諸地域に対し、新たに行動を起こすのやむを得ざるに至る、なんらその住民に対し敵意を有するものにあらず、只英米の暴政を排除して、東亜を明朗本然の姿に復し、相携えて共栄の楽を分かたんと祈念するに外ならず。」とあり、大東亜の共存共栄の理想が明記されている。したがって、「開戦後すでに二年を経過しながら、日本には明確な戦争目的が存在しなかった。」「この戦争に欠けている戦争目的を明確にし、「公明正大な」理念を置こうとしたのが、駐中華民国大使重光葵である。」(深田祐介氏『大東亜会議の真実』)との説明は、いささか言い過ぎの感がないともいえない。重光は、昭和17年4月、駐華大使から東条内閣の外相に就任すると、開戦前の昭和16年8月に米国のルーズベルト大統領と英国首相のチャーチルが署名した大西洋憲章に対抗して大東亜会議を構想した。大西洋憲章では「民族自決」を謳っていたが、これは英米の植民地には適用されないという欺瞞をはらんでいた。そこで重光はこの度の戦争の目的を「アジア解放」として明確化し、真の民族自決と共存共栄を掲げた会議を提唱したのである。これは我が軍が進出した南方(東南アジア)での人心掌握と物資調達を円滑にしたい軍部の思惑とも合致し、陸相を兼務していた東条首相の共感を得た。このような次第であるから、インド仮政府首班のチャンドラ・ボースが、会議での演説において「この歴史的会議の議事を聴きつつ、私はこの会議とかつて世界史上に現れたる類似の諸会議との間に、如何に懸隔あるかに想いを致したのであります。議長閣下、本会議は戦勝者間の戦利品分割の会議ではないのであります。それは弱小国家を犠牲に供せんとする陰謀、謀略の会議でもなく、また弱小なる隣国を瞞着せんとする会議でもないのでありまして、この会議こそは解放せられたる諸国民の会議であり、すなわち正義、主権、国際関係における互恵主義及び相互援助等の尊厳なる原則に基づいて世界のこの地域に新秩序を創建せんとする会議なのであります」と述べたのは、おべんちゃらでも社交辞令でもなく、心底日本のアジア解放の理想に共鳴し、この会議に世界史的な意義を認めていたからに他ならない。

当初チャンドラ・ボースが来日したとき、東条首相は手ごわい相手が来たと思ってなかなか会おうとしなかった。そこで東条にすぐにボースに会うように伝えたのが頭山満翁であった。頭山は、「中村屋のボース」ことビハリー・ボースからチャンドラ・ボースを紹介されていたのだ。東条はチャンドラ・ボースに会うやその人となりに敬服し、我が軍が占領したアンダマン・ニコバル諸島を仮政府に割譲した。大東亜会議においてボースがオブザーバーとしての参加であったのは、インドは大東亜共栄圏には入らないという彼の意見によるものであったが、大東亜共同宣言が満場一致で可決成立したあとビルマのバー・モウが「インドの解放なくしてアジアの解放なし」という演説を行い、インドの独立闘争に全面的支持を与える提案をして採択された。（『アジア独立への道』田中正明）後に、ボースがインド国民軍（ＩＮＡ）の最高司令官として我が軍とインパール作戦で共に戦い、莫大な犠牲を伴いつつも、ビルマからインド国境を越えてデリーに向けて進軍した輝かしい歴史は、日印両国にとってかけがえのない歴史的絆であり友好の遺産である。それもこのときのボースが大東亜会議に出席していなければ実現しなかったかもしれない。

民間の大アジア主義との関係

大東亜会議を評価するうえで争点になるのが、頭山等玄洋社をはじめとする在野のアジア主義の運動と、政府の主導になる大東亜会議の連続性である。つまり前者がアジア民族の独立を支援する純粋な善意に基づく運動であったのに対して、政府の国策的な性格が強い後者は思想的な連関性はないとする見方が存在する。例えば満州国にしても、頭山は昭和10年に満州国皇帝の溥儀が来日した際に謁見の招待を受けたが「気が進まぬ」と言って断った。これは内心頭山が軍主導の満州国建国に反対していたからではないかとされる。また、頭山は日中戦争にも反対しており、死の直前まで蒋介石政権との和平を模索し続けた。したがって、このような頭山であったから、満州国や南京政府のような日本主導の政権が一堂に会した大東亜会議を内心どのように思っていたかは不明である。しかし上述したような、チャンドラ・ボースとの逸話を見る限り、大東亜解放の大義を掲げる会議の趣旨自体には賛同していたことは間違いない。

大東亜会議の影

このような栄光に満ちた大東亜会議であったが、光の裏には影も存する。前に、この大東亜会議が欺瞞的な「民族自決」を標榜する大西洋憲章に対抗して開かれたと述べたが、かくいう我が国も、アジア民族の共存共栄を標榜しながら、朝鮮や台湾などに対する植民地支配は温存したままであった。また我が国が独立を認めた南方諸国についても、その統治については我が軍による過酷な「内面指導」や収奪が行われ、現地住民の不評を買った。そのことは、知日派として知られたフィリピンのラウレル大統領ですらその手記に「率直に云い、日本は比島人の心理をつかむに失敗せり。比島民衆はこの三年間、初めて多数の日本人と接触して残忍なる民族なりとの観念を抱くに至れり。その掲ぐる理想は我等の共鳴措く能わざるものなるも、その行う所は民衆の生活を顧みず、かえってこれを不安ならしめ、軍に対する不満不平の声は漸を追って全国に瀰漫す。殊に憲兵の苛烈横暴に対する反感は、政府要路の者に至るまで浸潤し、到底救うべからざるに至れり。」(『比島日記』)と書いたほどだ。ラウレルは大東亜会議での演説において、東条が「大東亜各国の自主独立を尊重、全体としての親和の関係を確立すべし」と唱えたのを逆手に取るように、「大東亜共栄圏はこれを形成する或る一国の利益のために建設せらるるものではないのであります。……大東亜共栄圏の確立は各構成国家の自主独立を認め、これを尊重することに始まるのでありまして、かく政治的独立及び領土主権を承認することによって各国は各々独自の制度に応じて発展を遂げ、しかも発展の結果生じる或る国の繁栄を或る特定国が独占することなく、全体の繁栄は各個の繁栄を意味するも各個の繁栄は必ずしも全体の繁栄ならざるの理に基づき、一国の福祉と繁栄とを他国に及ぼすことを以ってその目的とするものであります。」と述べて日本の統治行政を当てつけ的に批判している。こうしたラウレルの姿勢に苛立った現地日本軍は、高齢のアルテミオ・リカルテ将軍を担いでラウエル政権転覆のクーデター計画まで企てた。

大東亜会議の招かれざる客

こうした大東亜解放の理想とは裏腹の現実は、我が軍が進出したジャワ(インドネシア)やベトナムにおいても顕著であった。我が国が宣戦布告したオランダの植民地統治下にあったインドネシアでは、スカルノやモハメド・ハッタといった民族指導者が独立運動を続けていたが、我が軍が昭和17年3月にジャワ全土を占領しオランダ総督が降伏した後も独立を認めることはなかった。これについて深田氏は、「インドネシア独立に強硬に反対し、直轄領として確保べきことを主張したのは帝国陸海軍統帥部である。軍部としては、軍需物資として不可欠の石油、天然資源を中心とする資源をみすみす手放したくなかった。独立を認めれば、資源の入手、補給もすべて独立政府との交渉を通さねばならず、作戦上の要求にただちに対応できなくなる、というのである」と書いている（前掲、深田氏『大東亜会議の真実』）。

同様のことは、仏領インドシナ（ベトナム）においても然りであった。日米開戦の発端ともなった、援蒋ルート遮断のための北部仏印進駐を受けて、長年に渡ってフランスの過酷な植民地支配に苦しんだベトナムでは独立の機運が昂揚した。このときベトナム独立の指導者として待望されたのが、クオン・デであった。クオン・デは、グエン朝の王子であり、ベトナム独立運動家であるファン・ボイ・チャウが唱道した「東遊《トンズー》運動」の盟主として、明治39年、25歳の時に日本に密入国した。日本では犬養毅や柏原文太郎、松井石根、玄洋社らの支援を受けたが帰国はかなわなかった。そんな中、我が軍の南方進出の期待が高まると、クオン・デは「ベトナム復国同盟会」を組織して自らが総裁に就任し、同志の糾合を図った。さらにはチャン・チュン・ラップが復国同盟軍を組織して中越国境地帯で我が軍から軍事訓練を受け、来るべき仏印侵攻で共に戦う準備を進めたのである。しかしながら、直後に我が国は松岡洋右外相とアンリ駐日仏大使の間で協定（松岡・アンリ協定）を調印し、フランスが仏印における我が国の優越的な地位を認める代わりに、我が国はフランスの宗主権と総督府による統治を認めるという「仏印静謐保持」の方針で合意した。この方針に基づき仏印進駐は「武力侵攻」ではなく「平和進駐」に決まったのである。しかし現地の第二十二軍第五師団はこの決定を無視し、武装蜂起した三千名もの復国同盟軍と共に中越国境を突破、フランス軍との戦闘に突入した。その後、第二十二軍は中国に転進したが復国同盟軍は戦闘を続け全滅している。

この仏印に対する「静謐保持」方針は、我が国が対米開戦した後も変わらなかった。その事情について牧久氏は「日本側にとっても、仏印は東南アジア一帯で「南方作戦」を展開するための後方の兵站基地、物資輸送基地、資源供給基地としての役割は大きい。ここが戦場になれば、安定確保のため大量の兵力増強は避けられない。同時に仏印の内政まで手をつけるとなれば、人の手当ても大変になる。フランス側の抵抗がない限り、占領に踏み切り、軍政を敷く必要はない。仏印は、戦争の相手国である米、英、蘭の支配する周辺各国とは全く違った状況にあったのである」と述べている（『安南王国の夢―ベトナム独立を支援した日本人』）。

大東亜会議の開催に際しても、政府内で仏印をめぐる議論が起こった。重光葵ら外務省当局は「武力処理」による安南独立を志向していたが、東条は「大東亜政略指導要綱」に基づき、既定方針の強化を決定した。しかし、戦局いよいよ悪化し、仏総督府が米軍に呼応して反旗を翻すことを危惧した我が国は、「マ号（明号）作戦」と呼ばれるクーデター計画を発動してベトナム、ラオス、カンボジアを独立させた。しかし、その時我が国がベトナムの皇帝に擁立したのは、クオン・デではなく、フランス総督府の傀儡を演じ続けたバオダイ帝であった。もはや敗色濃厚の我が軍にクオン・デを帰還させる余裕はなかったのだろうが、傀儡皇帝のバオダイの方が我が軍にとって都合が良かったという事情もあったのではないか。

本来であるならば、上述したスカルノやクオン・デこそ、我が国の大東亜解放による独立国の元首として大東亜会議に出席してしかるべき人物であった。しかしながら彼らは、軍の南方作戦遂行上の利害や思惑に阻まれ、戦後スカルノはオランダとの独立闘争を勝ち抜いて初代大統領に就任するが、クオン・デは最後まで帰国が叶わず、東京でひっそりと生涯を閉じた。このような明暗半ばする大東亜会議ではあったが、何れにしてもその世界史的な意義は不滅の光を放っている。

※日越国交樹立50周年にあたる今年6月、筆者を含む本誌同人一同は雑司ヶ谷霊園にある陳東風（チャン・ドン・フォン）の墓をお参りした。陳東風は、ファン・ボイ・チャウの東遊運動で日本に留学したが、日仏協定で国外退去を命じられたのに抗議して自殺したとされる（諸説ある）。この陳の墓を建立したのがクオン・デであり、同墓地にはクオン・デの遺骨も埋葬されていると聞く。墓参については本誌第18号で報告したのでご一読願いたい。

移民社会日本とアジア主義

大アジア研究会同人
滝田諒介

1. 在日外国人の現況

令和5年7月22日、岸田首相は、民間有識者による政策提言組織「令和国民会議」の会合において、「外国人と共生する社会を考えていかなければならない」と発言した。厚生労働省が5月8日に「第3回社会保障審議会年金部会」で発表した資料によれば、約50年後の我が国の総人口は約８７００万人と予想され、令和2年に比べ、約５６００万人の減少が見込まれる。また、65歳以上人口は約4割に上る見通しである。このような人口減少・高齢社会を見据え、現在、我が国政府は外国人労働者の受け入れを急拡大しており、在日外国人数は、約10年前の平成24年に比べ、令和４年末には１・５倍の３００万人を超えている。

外国人労働者の受け入れについて、我が国政府は、国際移住機関（ＩＭＯ）の定義を踏まえ、例えば、平成30年3月9日の政府答弁書において、「国民の人口に比して、一定程度の規模の外国人を家族ごと期限を設けることなく受け入れることによって国家を維持していこうとする政策」を採ることはないと主張しており、「移民政策」という用語の使用を頑なに拒んでいる。これは、外国人アレルギーの根強い保守層に配慮したものと思われるが、先述のような外国人労働者の急速な受け入れは明らかに「移民政策」と言ってよいものである。

また、6月には在留資格「特定技能」2号の対象分野が2から11に拡大することが閣議決定された。この

「特定技能」2号は、家族帯同が認められ、在留期間の上限が無いなど、永住を想定した制度変更である。同じく10月、我が国政府は、海外在住の日系4世が来日した際の在留資格について、日本語能力など一定の条件を満たせば在留資格「定住者」を認める制度改正を年内にも行うことを検討しているとの報道があった。この「定住者」も、家族帯同が認められるとともに在留期間の上限がない。「外国人が働きながら技術を学ぶ」という建前の「技能実習制度」についても、今年、我が国政府の有識者会議「技能実習制度及び特定技能制度の在り方に関する有識者会議」において、制度の廃止及び中長期的な滞在を前提とする新制度を創設するたたき台を示している。このように、我が国政府の進めているいずれの制度変更・創設も、明らかに「移民政策」に舵を切っていると言えるだろう。

なし崩しの「移民政策」によって、日本社会に外国人が急速に流入することになった。ただ、我が国政府の本音と建前の相違は、在留制度に軋みを生じさせることになった。例えば、廃止予定である「技能実習制度」は、最低賃金を下回る過酷な労働条件や人権蹂躙が横行したとしても、日本人労働者のように転職できないため、もはや逃げるしかなく、不法滞在者を多数生み出した。また、難民認定申請数に比べて難民認定者の割合が諸外国に比べて著しく低いという難民政策は、「労働者として受け入れることは良いが、面倒は避けたい」という我が国政府の本音を表しているといえるだろう。

外国人を、移民であれ労働者であれ受け入れるということは、人間としての彼らを受け入れると共に、彼らの文化・風習・歴史・宗教を受け入れることでもある。それは、社会に活力と新しい発想をもたらすことでもあるが、同時に彼らの起こす犯罪や政治対立を引き受けることにも繋がる。

例えば、我が国に中国人が来なければ、一大観光地である横浜中華街は作られなかったわけであるが、準暴力団である「チャイニーズドラゴン」の結成も、香港・ウイグル・チベットの独立活動家や民主派中国人と我が国の活動家が共闘することも無かっただろう。外国人の受け入れ拡大により、日本社会は、特に文化的・歴史的な一大転換期を迎えていると言えるのだが、特に本稿では、難民や亡命活動家などの政治的動機を持った在日外国人に対する我々保守派・右派の対応に焦点を絞って考えていきたい。

難民は、国連難民高等弁務官事務所（UNHCR）によれば、「人種、宗教、国籍、政治的意見または特定の社会集団に属するという理由で、自国にいると迫害を受けるおそれがあるために他国に逃れ、国際的保護を必要とする人々」と定義されており、我が国では、インドシナ三国（ベトナム・ラオス・カンボジア）の社会主義体制移行により発生したこれら難民を既に受け入れている。ただ、特に近年、難民問題が巷間を賑わすようになっているように思う。紛争関係で言えば、ロシアのウクライナ侵攻を受け、我が国は国際世論に押され、約２０００人の避難民を受け入れた。また、アフガニスタン政権崩壊によりアフガン難民を受け入れ、ミャンマー内戦の勃発に当たっても避難民を受け入れている。

他にも、スリランカ人女性ウィシュマさんの名古屋入管における死亡事件は、ウィシュマさんが難民認定申請中であったことが明らかになっており、これを受けて入管法改正案反対運動が盛り上がった。直近では、埼玉県川口市における不良クルド人の問題が話題となっているが、これらクルド人の多くはトルコ国籍であり、母国における民族対立から日本に逃げてきている者が多いという。

そして、こういった難民問題に関する在野の取り組みについて概観すると、圧倒的に左翼側が多いことが分かる。ミャンマー内戦の避難民と共闘する反軍政運動や、入管法改正案反対運動は、左翼団体が取り組むことが多く、難民認定申請中の外国人の支援活動も、保守派・右派が携わっているという話は殆ど聞かない。香港・ウイグル・チベットの独立活動家や民主派中国人の支援活動については保守派・右派が取り組んでいる場合が多いと思われるが、埼玉県川口市に集住するクルド人については、その全面的な排斥すら主張する者がいる。特に、難民問題は、「偽装難民」の問題があり、不良外国人と関連付けられることが多いために擁護の難しい点もある。とは言っても、本当に迫害を受け、我が国に救いを求めにきた難民や亡命活動家も確かにいる。ただ、そもそも我々がこうした問題に触れたがらないのは、そこに接続できる理論が確立できていないことにあると思う。そこで想起されるのが、戦前のアジア主義である。

2. アジア主義における一つの運動

文芸評論家でアジア主義研究の第1人者である竹内好は、「日本のアジア主義」において、「ある思想なり、ある思想家なりが、ある時期に、よりアジア主義的であるかないかを弁別することはできるが、それは当然状況的に変化するものであるから、状況を越えて定義を下すことはできない」と述べ、アジア主義の定義の困難さを指摘している。とはいえ、明治維新から大東亜戦争敗戦までの間に、興亜会や玄洋社、黒龍会といった結社や大陸浪人と言われる壮士集団が、「興亜」を旗印に、時には我が国の海外進出の先兵となり、時には欧米列強の帝国主義的政策に抵抗する志士として運動を果敢に行った。

これらアジア主義的な諸団体・人士は、朝鮮半島や中国大陸、東南アジア、イスラム世界まで活動の版図を広げたのだが、その一方、我が国に亡命してきたアジア各国の独立活動家や革命家を支援する活動も行ってきた。例えば、最も有名な人物として孫文が挙げられる。孫文は、中華人民共和国及び中華民国の双方から「国父」と称される人物だが、彼が中国での蜂起に失敗して我が国に亡命した際、玄洋社の頭山満や社会運動家の宮崎滔天に支援されていたことは有名な話である。また、朝鮮半島の近代化を目指した金玉均も我が国に滞在中、興亜会に支援されていた。こうしたアジア主義者による支援活動は、東アジア出身の活動家に対してのみに留まらず、ベトナムの独立活動家ファン・ボイ・チャウやインドの独立活動家ラース・ビハーリー・ボースにも行われた。明治32年、フィリピンの独立活動家エミリオ・アギナルド・イ・ファミイの要請によって、宮崎滔天らがフィリピン独立革命支援のために武器弾薬及び人員を送ろうとした「布引丸事件」も、同様の支援活動と言えるだろう。

このように、戦前のアジア主義には、政治的な動機で母国から我が国に亡命してきたアジア各国の独立活動家や革命家を支援する運動も含まれていた。昭和18年11月に東京で開催された「大東亜会議」には、汪兆銘やラース・ビハーリー・ボースなど、亡命や留学として我が国に滞在していた際、アジア主義者から支援を受けていた者が多数参加している。大東亜戦争開戦以後、アジア主義は非常に官製色の強い運動に変質してしまい、例えば「大東亜会議」で採択された「大東亜共同宣言」で謳われた「道義ニ基ク共存共榮ノ秩序ヲ建設ス」といった理念が戦中に実現することはなかったように思う。とはいえ、在野のアジア主義者による支援がなければ、「大東亜会議」の開催や戦中戦後におけるアジア諸国の列強植民地支配からの独立も困難であったことは確かであり、保守派・右派が共通して主張する「大東亜戦争は、アジア解放の戦争であった」という主張の重要な裏付けの1つとなっている。

3．移民社会日本とアジア主義

前章では、戦前のアジア主義における亡命活動家の支援活動について概観したが、これを踏まえて令和の御代におけるアジア主義を考える。戦前のアジア主義的な運動の動機として、欧米列強の植民地下にあったアジア諸国を独立させたいという義憤があったことは論を待たない。ただ、例えば興亜会や玄洋社のメンバーに政財界の大物が多数在籍していたことは、義憤と共に、政界には、我が国が欧米列強に対抗していくためには自国の影響圏にある国・地域を増やしたいという一国主義的な動機があったことが想定できる。

また、自国の影響圏が拡大することは、新たな市場が開拓できることを意味するため、財界にもアジア主義を推し進める実利的な動機が存在していた。そのため、戦前のアジア主義は、大陸浪人と政財界に様々な思惑がありつつも「興亜」を旗印に運動を推し進めていくことができた。欧米列強の植民地支配下におかれたアジア諸国の独立活動家は、我が国を列強に対抗する希望として頼り、日本側も彼らの期待に応えることができていたのである。

翻って現在はどうか。我が国は、大東亜戦争の敗戦により米国の占領下におかれ、それ以後、一貫して自由・民主主義・人権を最重要視する西側陣営として戦後を歩んできた。また、最近では選択的夫婦別姓や同性婚、ＬＧＢＴＱの理解増進など、西側世界に置いて行かれないよう最先端の〝風潮〟を受容しようとする勢力が増しており、「欧米に対抗する日本」という気概は極めて弱くなってしまった。

そのような状況でも、我が国には、例えば香港・ウイグル・チベットの独立活動家や民主派中国人が亡命しており、東南アジアの権威主義国家からインドシナ難民等として亡命している人々もいる。とはいえ、彼ら難民や亡命活動家は、我が国のことを「欧米に対抗する日本」として亡命先に選んだのではなく、「最も近隣に存在する西側世界」として選んだリベラル的な思想の持ち主なのではないだろうかと思われる。そうすると、保守派・右派が「反中国」といった共通項を持って共闘したとしても、それは、彼らの母国を西側世界に引き入れようとする運動になってしまうのではないだろうか。

また、保守派・右派は、「権威主義国家は悪であり、民主化されるべき」という西側世界のテーゼを無批判に受容せず、慎重に考えたほうが良いのではないかという問題もあるだろう。アジア主義の代表的な団体の1つである玄洋社の社則は、「皇室を敬戴すべし」、「本国を愛重すべし」、「人民の権利を固守すべし」というものであり、もちろん人民の権利を重要視していたわけだが、これが全てではなかった。

孫文は、大正13年11月28日に兵庫県立神戸高等女学校で行った「大亜細亜主義」と題した有名な講演において、「欧州の文化は覇道を中心とする文化であり、東洋の文化は王道を中心とする文化である」とし、「仁義道徳を中心とするアジア文明の復興を図り、この文明の力をもって覇道を中心とする文化に抵抗する」と演説したのだが、これには、「アジアにはアジアの文化がある」という強烈な自負が込められている。

日本社会が外国人の受け入れ拡大により文化的・歴史的な一大転換期を迎えている中、我々保守派・右派は、難民や亡命活動家にどう向き合えば良いのかについて思想的な対応を迫られている。そのためには、戦前のアジア主義を今一度見直し、その理論を現代と接続することによって、西側陣営の価値観と一線を画す「道義国家」としての理論を構築する必要がある。また、日本で暮らすことを選んだ在日外国人の思いを知ることもまずは重要ではないだろうか。

野村秋介追悼三十年群青忌

歿後三十年という歳月が流れてもなお、斯くも多くの人の心の中に生き、歩むべき道を指し示してくれる人がどれほどいるだろうか。その存在の大きさを改めて実感する追悼会であった。十月十九日に開催された野村秋介追悼三十年群青忌だ。会場となった東京・新宿区の四谷区民ホールは、野村氏を想う四百名を超える人々で埋め尽くされた。

野村氏は昭和三十八（一九六三）年七月に河野一郎邸焼き討ち事件を起こし、懲役十二年の実刑判決を受けた。さらに出所後の昭和五十二（一九七七）年三月三日、経団連事件を起こし、懲役六年の実刑判決を受けている。経団連を標的にしたのは、「財界が、経済至上主義によって、日

本の文化と伝統を培ってきた我々の大地、うるわしき山河を引き裂いている」と考えたからだ。

開会に先立ち、読経の後、野村氏の孫である外山はるかさん、えりかさんによる、追悼舞踊「群青」が披露された。

司会は、実行委員の大熊雄次氏が務めた。実行委員長の蜷川正大氏は、開会の辞で次のように述べた。

〈いまなお自民党の党是である憲法の改正は実現せず、北方領土はロシアに奪われたままの状態が続き、防衛は依然として米国に依存したままです。ロシアとウクライナの紛争、イスラエルとハマスとの紛争、そして迫りくる台湾有事。我々日本人は、いま最大の危機に直面していると言っても決して過言ではありません。群青忌はこうした厳しい状況について考え、意識する場であってほしいと思っております。後ほど追悼講演をしていただく犬塚博英先輩が、かつて勉強会で語られた「死後生」についての言葉を紹介します。

「亡くなれた人が、人々の心の中に単に記憶として残るのではない。亡くなられた人の魂、あるいは生き方や言葉が、次の時代を生きる人々の追憶となり、その人生を膨らませさえする」〉

蜷川正大氏

続いて、国民協議会名誉顧問の阿形充規氏、野村氏の娘婿で、宮崎県議会議員の外山衛氏が来賓として挨拶し、新たに制作された映像「銀河蒼茫」が上映された。大熊氏は「晩年、時間を割いて海外に出ることの多かった野村先生が、旅先で何をなそうと考えていたのか、その一端でも皆様にお伝えすべく、残された資料を再三にわたり見直し、編集をいたしました」と説明した。

その後、八千矛社社主・民族革新会議顧問の犬塚博英氏による追悼演説（四十四頁）、「天の怒りか地の声か」の朗読、群青のビデオ上映と進み、隠岐康氏が謝辞を、藤巻強氏が閉会の辞を述べて盛会裏に幕を閉じた。

一筋の道かはることなし

八千矛社社主・民族革新会議顧問　犬塚博英

昭和五十二年の経団連事件の際、法廷において野村さんの主張を訴えるため、蜷川正大さんとともに、あちこちで経団連事件支援集会を主催しました。裁判の中で非常に印象深かったのは、野村さんが思想的に私淑していた葦津珍彦先生が証人として出廷され、野村さんをはじめとする経団連事件に参加した「YP体制打倒青年同盟」の思想について論述をする機会があったことです。

犬塚博英氏

弁護士から「被告たち並びに証人の思想信条を簡潔に」と問われた葦津先生は、「一語にして言えば天皇陛下万歳です」とおっしゃったのです。その瞬間、傍聴していた四十数人のほとんどが起立し、そして被告である野村先生も立ち上がり、天皇陛下万歳を三唱したのです。その時の大きな感動を今でも思い出します。

葦津先生は、獄中の野村さんに度々手紙を書いていました。教誨師の立場を登録すれば、収監されている人と比較的自由に文通ができるからです。そのことについてお尋ねすると、葦津先生は「実は三上卓さんに、『野村を指導してやってくれ』と頼まれたのだ。おそらく、十二年間で百通を上回る手紙を書いた」とおっしゃっていました。

野村さんは、葦津先生から手紙を受け取った瞬間、暗闇の中に一つの灯を見つけることができたそうです。野村さんは、その灯に従って生きていこうと誓ったのです。

葦津先生が野村さんに送られた書状の中に、「日本の天子さまは罪を犯した者であろうとなかろうと、日本人の中のもっとも〝悲しい者〟の心を知って下さる方である」という言葉があります。野村さんは、この言葉を心の支えにして頑張ってきたと話されていました。

明治天皇の御製には、

罪あらば我を咎めよ天津神
民は我が身の生みし子なれば

とあります。経団連事件の服役を終え、出所してから、野村さんは明治天皇が五か条の御誓文とともに下された御宸翰にある、「天下億兆、一人もその処を得ざる時は、皆朕が罪なれば……」というお言葉について度々話されていました。そこには、葦津先生の大きな影響があったのだと思います。

私が葦津先生から個人指導を受けるようになったのは、私の師の中村武彦と葦津先生との深い盟友関係によるものでした。葦津先生からは、二年間にわたり、月に一度、数時間、長い時には十時間近いご講義を受けました。

葦津珍彦

野村さんは、葦津先生から時には厳しい指導を受けていました。そこである時、私が葦津先生に「野村さんはどういう人ですか」と尋ねると、葦津先生は次のようにおっしゃいました。

「普通の人間、普通の運動家は、勝てる相手や勝てそうな相手とだけ戦う。しかし、野村秋介は、戦わなければならない時には、到底勝ち目がない相手にも戦いを挑む。それが野村秋介の真骨頂だ」

このことを野村さんにお伝えすると、大変喜んでおられたことと思い出します。

一方、私の師の中村武彦は非常に地味な人間でした。そんな中村からすると、野村さんの服装や立ち居振る舞いは派手だと感じていたのでしょう。ある時、中村は野村さんに「芸能人のような派手な服装や立ち居振る舞いはいかがなものかと思う。あなたは、これからの民族派の指導者なのだから、もっと地味で、いぶし銀のような存在であってほしい」と言ったのです。

ところが、野村さんは「ハハハっ」と高笑いし、「中村先生、いずれ自分の気持ちがわかる時が必ず来ると思います。先生のご忠告は肝に銘じておきます」と言ったのです。

そして、野村さんは平成五（一九九三）年十月二十日、朝日新聞東京本社役員応接室で自決しました。野村さんが古澤俊一さんに託した私宛の手紙の一通には、「中村武彦先生にくれぐれもよろしくね」と記されていました。

その時、中村は「野村さんの気持ちも分からずに、迂闊にあのような忠告をした自分が恥ずかしい。野村さんの行為はまさに神業であり、軽々しく評価できることではない。なぜ、野村さんの気持ちがわからなかったのだろうか」と嘆いておられました。

野村さんは、

さだめなき世なりと知るも草莽の
　一筋の道かはることなし

という辞世の歌を残しています。「一筋の道」とは何か。

天皇様は、罪を犯した者であろうが、そうではない者であろうが、等しく我が子だと思っておられる。その天皇様の思いに応え、天皇国日本を正しくする。それが一筋の道です。野村さんは、三上卓が生きた道、葦津珍彦が生きた道、中村武彦が生きた道、その一筋の道はかわることがないのだと確信していたのだと思います。

中村先生は賀状（平成十七年）に二首の歌を記していましたが、その一首は

十六年十二月八日の暁を
　再び迎えて老の血たぎつも

昭和十六年の十二月八日、大東亜戦争開戦の日には、刑務所の中にいて血が滾った。元号が変わり、平成十六年の十二月八日を再び迎えた。老いた自分の血が沸き立つような思いがした。中村先生は、そんな気持ちでこの歌を詠んだのでしょう。そして、もう一つの歌が、

こゝろざし遂に成らずも一筋に
　歩み来し道に悔あらめやも

中村先生は、野村さんの「一筋の道かはることなし」という気持ちを意識しておられたのでしょう。天皇陛下の大御心にこたえる青年でありたい。歳をとっても、血が沸き立つような青年でありたい。私もつくづくそう思います。「野村さんの意志を継承する」。そう胸を張って言えるように、切磋琢磨して自分を磨いていってください。

天誅組の変百六十年

天誅組とは

今年は文久三（１８６３）年の天誅組の変から160年である。天誅組は、同年八月に、久留米の真木和泉守等の働きかけによって、孝明天皇による攘夷親征（大和行幸）の詔勅が渙発されたことを受けて、土佐の吉村寅太郎や備前の藤本鉄石、三河の松本奎堂が総裁となり、孝明天皇侍従の中山忠光を主将に仰いで行幸の露払いをなすべく、「皇軍御先鋒」と称して蹶起した草莽志士の一統である。「天忠組」ともいう。

彼等一統は、大詔渙発の翌日に約四十名が京都方広寺に集合し、直ちに大和五條方面に向けて進発、淀川を下って大阪に出で、海路堺港に上陸すると河内方面に南進した。そして、楠公の菩提寺である観心寺で藤本鉄石らと合流し楠公首塚の前で旗揚げをした。それから千早峠を越えて大和五條に入り、代官所を襲撃して「五條新政府」を樹立した。しかし、その直後に八月十八日政変が起きて朝廷内における尊攘派の公家が一掃され、大和行幸が中止されたため、「皇軍御先鋒」から一転「逆賊」の汚名を蒙った。一時は千人近い十津川郷士の味方を得て各地を転戦したが、高取城攻撃に失敗してからは敗退を繰り返し、大和行幸の中止を知った十津川郷士も離反して、最期は九月二十四日の吉野郡鷲家口（現在の東吉野村）での戦いで壊滅した。中山忠光は脱出したものの吉村等三総裁はこの地で戦死している。

天誅組の思想的根拠

大和行幸は、表向きは攘夷親征であったが、その真の目的は討幕親征に他ならなかった。その目的は、和泉守と寺田屋の変（文久二年、全国草莽志士による倒幕の企て）以来の同志である吉村等三総裁も共有していたのであり、そのことは主将の中山忠光が詠んだ「夷狄らと共に東夷もうたずしていかで皇国のけがれすゝがむ」の歌に示されている。「東夷」とは幕府のことである。

大東塾の影山塾長は、天誅組の思想的根拠について「即ち外敵を掃討せんがためには（攘夷）何よりもまづ国内の真の純化統一（維新）がなされねばならぬ。そのためにはすべての行為行動が確然と御国体の本義に基づかねばならぬし（尊皇）単なる表面的公武合体では駄目で、国体違反の精神組織機構を徹底変革しなければならない（討幕）こと、これが出現を期せんがためには、たゞ口舌筆紙に依るべきではなく、兵力と肉弾、碧血と捨身にこそ依るべきであり、自らまづ進んでこれが急先鋒となり殉難以て維新の人柱たらんとするところに天忠組不抜の根本精神が存するのだ。」と述べている（『天忠組への道』）。

天誅組義挙の意義

天誅組の義挙は、一見すると無謀な企てに見えるが、彼等の行動にはどのような意義があったのだろうか。影山塾長は、「この義挙は……明治維新史上に於ける諸事件のうち討幕思想を具体的に実践化した最初の事件として、また最も純粋なる思想信仰に立脚した事件として、更らに水戸天狗党義挙、（平野國臣による）但馬生野の義挙等と共に最もいたましい悲劇として充分に記憶され、注目されねばならぬ事件である。」と述べた上で、天誅組義挙を第二次寺田屋事変として捉えている。「天誅組の義挙は要するに寺田屋事件の精神を継承し、やゝその形を異にし、その規模を大にした実践に外ならない。寺田屋の変に際して志士らの抱懐してゐた所のものは、既に明確なる討幕計画であった。真の攘夷を実現せむが為めには何よりもまづ討幕を完成し、国内維新を実現しなければならなぬことが解って来たのである。表面は依然として尊皇攘夷であった。併しその実質は既に尊皇討幕へと変わって来ていた。」

平野國臣による但馬生野の変は、平野が天誅組救援を目的として但馬国生野で農兵を募集し、八月十八日の政変で長州落ちした七卿の一人、澤宣嘉を擁して挙兵したものである。これらの義挙は、小集団による散発的な武装蜂起のように見えるが、両者は思想的に連続しており、倒幕維新の導火線に火を放つマッチの役割を果たした。歴史の事象だけでは見えない精神の連続性を自覚して後世に引き継がねばならない。

新史料が示す天誅組の真実

歴史研究家　舟久保　藍

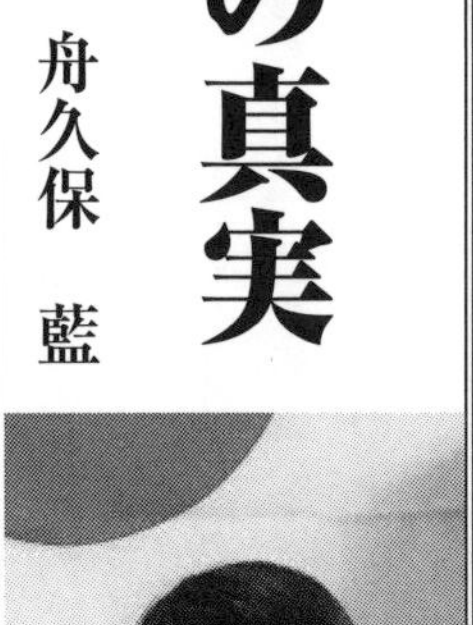

ここでは、安井家文書の中の一連の史料群「時勢見聞録」の一部を紹介する。安井家文書は、主に安井忠俊とその養嗣子である直明に関する文書で、中でも「時勢見聞録」は、幕末に東寺（京都市南区）の公人であった安井直明が、自身が見聞した幕末の政治情勢や各事件について記したものである。その中から天誅組についての新史料を紹介したい。

一、安井家について

安井家は、系図・墓の碑文・過去帳等によると、戦国時代に二十代安井七郎次郎正茂が甲斐国の武田家に仕えていたとされる。その後、近江国日野の音羽城主蒲生賢秀（氏郷の父）に招聘され同家に仕えた。天正十八年（一五九〇）の「奥州仕置」で蒲生氏郷が会津へ移封となった際、正茂の長男正範は蒲生家に従って会津へ移ったが、蒲生家断絶後は不明である。

一方、日野に残った正茂の後を二男正胤が継いだ。その後どういう縁があったのか、安永元年（一七七二）、三十二代正邦が京都へ移り、東寺西門前に屋敷を構え東寺公人となった。三十三代忠俊（過去帳には安井弾正忠俊）は雅楽師範家で、特に笛に堪能であったようで『平安人物誌』に和歌が紹介されている。

三十四代直明（一八〇〇～一八八二）は、通称を多嘉助、号を双鶴という。朝廷と密接な関わりを持っていたようで「時勢見聞録」の内容からも、勤王家であったことが伺える。京観世五軒家のひとつ八世林喜右衛門（玄章）の高弟でもあり、「船上山《ふなうえさん》」と題する謡曲を作詞作曲している。これは、題材を太平記に取り、隠岐島から還幸された後醍醐天皇を船上山で迎えた武将名和長年の忠烈を描いた作品で、明治四年頃に発表されたものである（横山杣人「船上山」『能楽画法』第二巻第九号・第二巻第十号所収、西野春雄「近代前記の新作謡曲　近代謡曲史稿」）。西野氏の論文によると、大政奉還を迎えて能作にも南朝の忠臣を顕彰する傾向が強まり、この作品は南朝を題材にするものとしてはいち早く世に出されたと見られるとあり、直明の勤王思想がこれによっても伺える。

時勢見聞録

　現在、安井家三十九代目は千葉県に在住しており、私の兄にあたる。

二、時勢見聞録について

「時勢見聞録」と題される文書は凡そ百冊に上り、天保八年の大塩平八郎の乱の記載から始まり、明治十年の西南戦争で終わっている。（中には「時勢風聞録」「風説書」と題されるものもあり）。これらのほとんどが和綴じに渋引き表紙が付けられ、表題・記載内容の年月・「双鶴」または「双鶴軒」の号が墨書されている。直明自身が見聞した出来事以外に、朝廷や幕府の公文書の写しも多数収められている。京都在住ならではの記事も多く、中には初見の記事も見られることから全体の解読と調査が急がれる。

　これらの文書は実家（奈良県生駒市）に長く眠っており、文書の存在は知っていたものの、量の多さからこれまで整理解読に手が付けられずにいたものを、令和五年の六月頃から整理をはじめたものである。

三、天誅組獄中記

表紙に「時勢見聞録　元治元甲子年九月十月十一月分」と記載される冊子の一記事に「元治元年孟春六角獄中ニて記之」とある。大意は次のようになる。

朝廷から攘夷の詔勅があった以上、議論などあるはずもないにも拘らず、幕府のいう攘夷は表向きのことだけで是非なく攘夷の詔勅を形だけ遵奉したのである。攘夷実行の期限は将軍が上洛して五月十日と治定し大名を始め天下へ布告し、その期限通りに長州藩は攘夷の先鞭を付けた。一方の幕府は、水戸藩主徳川慶篤・一橋慶喜が攘夷のためといって江戸へ下ったが、江戸へ着くやいなや、幕府役人は誰も同心しないと言い訳をして実行しない。そればかりか、イギリスへの賠償金（生麦事件）を小笠原図書頭の独断とうそぶいて渡している。徳川慶篤・一橋慶喜など、将軍の一族連枝の身として何よりも重い攘夷の勅命を身に帯び勅諚を実行すべきであるのに、幕府役人が同心するのしないのというのは論外である。これ程の大義を行わないのであれば、たちどころに幕府の役人二、三人を誅戮して違勅の罪を糾すべきである。国体を維持する気がなく、まして勅命を辱めて事が済むだろうか。外国船はいつ摂海（大阪湾）に侵入してくるやも計り難く、京都の警備は手薄である。それなのに将軍は大坂から蒸気船で江戸へ戻り、高枕で安眠している。始めから攘夷の詔勅を拒めば違勅の罪から逃れられないので、攘夷の奉勅を標榜し、衆目を愚かにして横浜鎖港や交易渡来停止などと名目を変えて言い逃れをし時間を稼ぎ、奸計を用いて朝廷を取り込み、正義を妨害し聖聡を蔽蒙し、遂には攘夷の叡慮をそのものを欺いているのである。

徳川氏が征夷大将軍である限り、決して攘夷の大義は行われないであろう。嘉永六年にアメリカ船が来航した時から確固として立てさせられたる攘夷の叡慮・朝議は、たとえ天地が漏落しても変わらないものである。十余年もの間、徳川氏を以て詔勅を施行せしめらるべきとの朝議は、三百年来付託してきた幕府を立ててのことであり、違勅があっても尚、実行させようという思召しであるのに、幕府自らその思召しを離れ、君臣御合体を捨て外夷と合体している。そのような幕府であっても、尚も委任し武将と思召し頼りにされる深重至厚の叡慮を有難いとも思わず、天恩に仇なす幕府の心腸を何と言うべきか。

断然として外夷を親征される以外はなく、もし攘夷親征の御旗が一度動けば、徳川氏は、違勅の罪・不臣の罪から逃れられないと知るであろう。これが即ち、朝廷の攘夷の大義であり、徹上徹下、確固として動かざるものである。故に、幕府の恐れることは、ただ親征のみである。この親征を主張したのは三条実美及び長州藩主父子である。幕府は、終始朝廷の為に真忠を尽している精忠無二の三条、報国一途の毛利家を罰し、これにて御親征はしばらく中止となった。しかし朝廷攘夷の御決策は少しも揺らぐことなく、親征の御決局は明瞭である。攘夷親征は、天下臣民ともに畏みたる光明至大の叡慮である。十余年の間、朝廷において維持されてきた攘夷の大綱紀は一度弛んでも真実叡慮であり、これまで述べてきたように、幕府がいかに朝廷を欺こうとも幕府に攘夷の意は少しもなく、ただ天皇の聡明を晦まし、天下の正義を自らに付けようとする謀略である。ゆめゆめ、これを間違えて大義を誤ることなかれ。

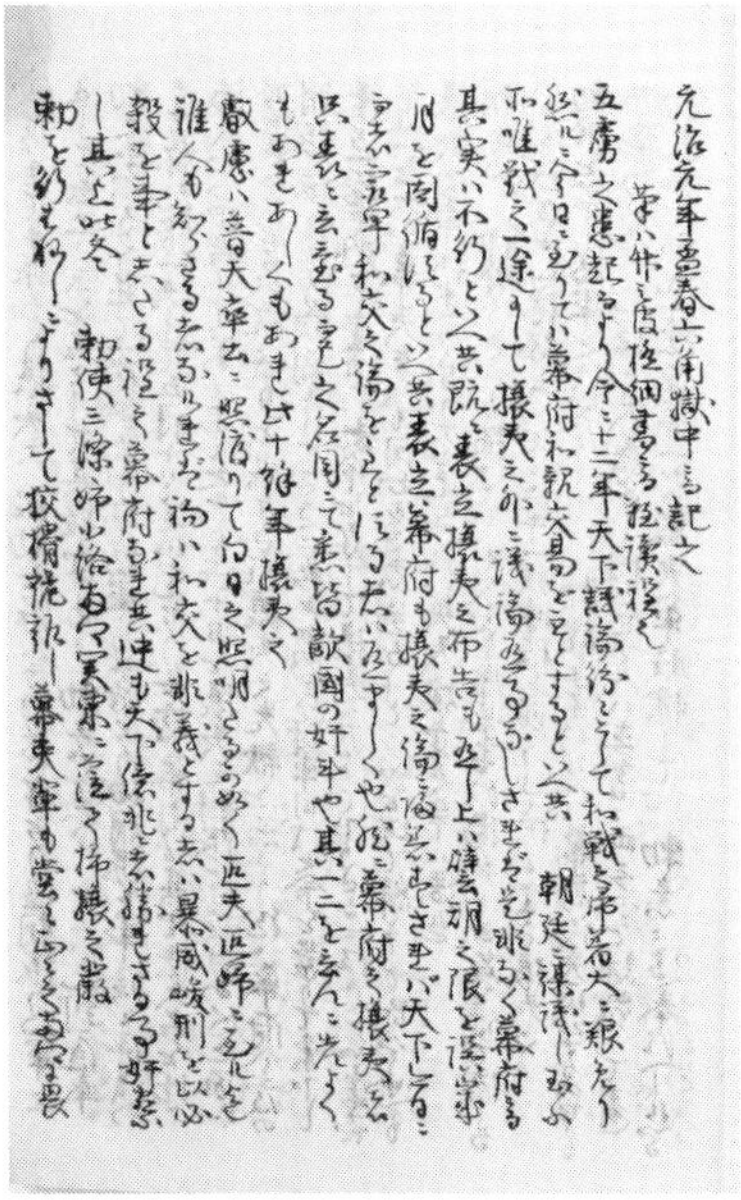

時勢見聞録の獄中記の箇所

最後に「右は大和浪士六角獄中にて記するなり」とあるように、文久三年八月に決起した天誅組の志士が記したものである。天誅組は九月二十四日に東吉野村鷲家口でほぼ壊滅状態になった後、大和国中へ逃れた者の多くが捕縛された。彼らは京都六角獄舎へ収監され、元治元年二月十六日と七月二十日の二回に分けて処刑されている。

獄中記が書かれたのは元治元年孟春（正月）で、獄中で筆がないため、竹の皮を筆代わりにして書かれた。「極細書にて読み難き程なり」とあることから、直明が実際にこれを見て書き写したことが分かる。攘夷親征が中止になった今、情勢を見誤ることのないよう案じて書き残した内容で、これまでの天誅組史料では見られなかったものである。

攘夷の叡慮を実行せず、その時々の奸計で叡慮そのものを欺く幕府を痛烈に批判し「断然として再港来拠の外夷を親征せらるべきの外は有るまじく」と、幕府が攘夷を実行しない今、親征しかないと断じている。「もし攘夷親征の御旗が一度動けば、徳川氏は、違勅の罪・不臣の罪から逃れられないと知るであろう」とあるように、攘夷親征を幕府が恐れるのは、これまで横浜鎖港だの何だとの、攘夷のために何かしているように見せかけながら実際には実行しない、違勅と不臣の罪が明るみに出るからであり、攘夷親征とは即ち討幕であることを示している。

天誅組が五條代官所を制圧した翌日に、会津・薩摩藩が朝廷内の政変を起こし親征は中止となったが「親征の御決局は明瞭たる事にして、これは天下臣民ともに畏みたる光明至大の叡慮なり」と、政変は会津薩摩の謀略であること、攘夷の叡慮は揺るぎないものであり攘夷を行うには親征しかないこと、親征の手始めは討幕であることをはっきりと述べている。幕府の正体は、ただ天皇の聡明を晦まし天下の正義を自らに付けようとしているだけであるから、これに騙されずに大義を見誤ることのないように勤王諸士へ奮起を促す内容となっている。

慶応元年、一橋慶喜が朝廷へ、安政五年の通商条約（井伊直弼が勅許のないまま調印した履行されていなかった）の勅許を迫り、ついに孝明天皇が折れてそれを許したことを鑑みても、ここで述べられている幕府の実態は決して大袈裟なものではない。天誅組志士は、自分たちの死が近いことを知り獄舎内で筆記の術が無い中、これを残したのである。

近年、天誅組の評価も正当なものとなりつつあるが、いまだ単独の決起であり時期尚早であったとする見方がある。この文書から見ても分かる通り、決起の動機は「攘夷親征」に則ったものであること、その詔勅が出された文久三年八月十三日こそが好機であったこと、行動理念は何をおいても叡慮を遵奉するためであったこと、これらは明白である。本年は決起一六〇年となるが、今一度正しい認識が求められる。

以下「元治元年孟春六角獄中ニて記之」全文を読み下して紹介する（旧漢字は新漢字に、歴史的仮名遣いは現代仮名遣いに改め、適時句点を補った）。

元治元年孟春六角獄中にてこれを記す
筆は竹の皮極細書にて読み難き程なり

五虜の患い起てより今に十二年、天下議論紛々として和戦の帰着大いに艱めり。然るに今日に至りては幕府、和親交易を主とするといえども、朝廷に謀議したまう所、唯、戦の一途にして攘夷の外に議論有る事なし。されば是非なく幕府にてその実は行わずといえども、既に表立て攘夷の布告もこれ有る上はたとえ期の限を誤り歳月を因循するといえども、表立て幕府も攘夷の論に帰着す。さればは天下今日にては最早和交の論を良しとする者は有るまじくなり。然るに幕府の攘夷は、只、表に言い置けるのみの名目にて、悉く皆敵国の奸斗や。その一二を言わんに、先ず、よくもあれ、あしくもあれ、この十余年、攘夷の叡慮は普天率土に照り渡りて向日の照明たるが如く、匹夫匹婦に至る迄、誰人も知らざる者なければ、初めは和交を非義とする者は暴威峻刑を以て、必殺を事としたる程の幕府なれども、とても天下億兆には勝れざる事を奸察し、その上昨冬、勅使三条・姉小路両卿、関東に莅て掃攘の厳勅を行わめしにより、さして狡猾詭詐の幕吏輩も堂々正々の両卿に畏伏せられて是非なく攘夷の　詔勅を名ばかり遵奉せり。但し期限は将軍上洛して言上と云うを名としてその場逃れに　勅答をしたりければ元到底奉勅の意はなく、継いで一橋（慶喜）・越前（松平春嶽）、やがて将軍も上洛せり。さて期限の事、段々評議ありて、いよいよ期限一決して五月十日と治定せり。拠無く幕府よりその由緒、大名を初め満天下へ布告して万々末々の者迄、この十日を攘夷の期限と云う事、あく迄承知せり。されば長州既に此日を誤またず攘夷の先鞭を着けたり。然るに幕府、今度の期限、依然たる欺罔にして、さきに水戸中納言、将軍目代の命を蒙りて東下し、続いて一橋中納言、重き勅命を奉じて攘夷の為とて下りたるに、江戸へ着すや否や、唯一言、大小幕吏壱人も同心する者これなしというを以て辞として、即今とても攘夷の事行われがたく、それのみならず英夷償金の事は誘有り、朝廷より仰せ食さられたる趣をも用いず、又、小笠原図書頭独断と云う名を付て渡し与えたり。此の水戸・一橋等云う人々、将軍一族連枝の身として何より重き攘夷の勅命を帯し、将軍の代官として勅諚を奉行せんに、幕府役吏同心するのせざるの論あらんや。これ程の大義、よし同心せずんば立ち処に両三人を誅戮して違勅の罪を正さんに、臆病第一の幕吏輩、股慄して勅意に遵奉すべし。然るをおめおめと同心する者なしと云て、討死を覚悟して東下なしたる程の一橋、実にこの一挙にて十万歳の国体維持すべきなし。この上、大切の勅命を辱かしめて事済むべきや。婦人・小児といえども、その否なるを知る。これらの筋合を弁えざる一橋・水戸などこれ有るまじきに、さすればこれをもとより悉く皆詭詐の謀略より出たる事にて、同穴の幕、不同心をも正さず、不知顔して天下を愚かにするの手段なり。しかのみならず奸智幕府中の人々最も長ずる処や、さればこれより先に総裁春嶽の出奔も老中小笠原の東行も引返して相計らいたる詐策なり。さて、この一橋の言上、五月十九日至来して則翌日、奏聞有り。朝廷にも殊の外御憤りにて朝議夜に入り、姉小路殿退出の途中にて賊殺せられて卒去したまいし事ども、大いに疑わしき事なり。将軍あまりに朝廷へ申し訳なきを口実として自ら小田原迄発行して一橋・水戸を呼び、関東の情実聞き糺し奸吏どもを罰し速やかに攘夷の成功を奏聞すべき由を誠しやかに申されたる。たとえ水戸・一橋は朝廷を欺きけりとも、将軍自ら爰に奮発せんには、よも詭詐策略にはこれ有るまじとて、これを許容せられたり。さて又、この時小笠原図書頭関東にて攘夷行わぬ事、実に言上の為とて火急に上京せしが、内々容易ならざるの大逆の密策これ有る由、水戸家来・会津家来より忙しく言上により、伏見より追い返され淀に逗留、その内情、いよいよ紛れなきに付、速やかに厳刑に処すべき旨、幕府へ仰せ下されたりしに、幕府命を奉ぜず、仮に大坂城代に預け置きたり。小田原迄下向の上、奸吏ども罰し申すべき由言上しながら、眼前小笠原の如き大逆賊厳刑の命を正さざる条、これ不審の事なり。さて既に攘夷に於いては忽ちに夷船摂海に入寇も計り難く、京都の近要武備の手薄にては叶いがたし。これ又自ら順検して、さて後々京海道より発向の旨言上にて六月九日計をふせて先づ大坂より発向し俄かに蒸気船にて江戸へ脱走せり。将軍に於いてはよもかほどの詐は有るまじと思いの外、その十六日に帰府して高枕安眠せり。意外というも余りの事どもなり。又小笠原も来月に至り大坂より江戸へ脱走せし由なり。幕府の主従、かくの如く到底欺心詭詐の術策のみにて真実奉勅の意、毛頭もこれ無き事、鏡に写して見るよりも明了なり。初めより攘夷詔勅を拒んで奉ぜざる時は、さし付けて違勅の罪逃るる所なく、天下億百大胆する処、如何ともしがたければ、先ずは攘夷の事奉勅の名を標し天下の耳目を愚かにして、さて、かように千変万化一日一日とその時遁れに因循迂延してその内には時を得、折を窺いて如何程も険謀奸計を以て朝廷を要し奉り正議を陰害し聖聡を蔽蒙し奉り、果ては横浜のみを鎖港して東西両港とか長崎とか或いは交易渡来は停止して外夷朝貢とか、尚この外にも如何程か名目をかえて終には攘夷の叡慮を立てごかし誣き奉る。朝三暮四の故智の用、内心今より見え透けたるをその素暴をかくして態と表は攘夷名目を標し、武備の談判のと期限を延しめて、かく幕府真面目や。さて、幕府の素謀かくの如くの上徳川氏の征夷使たらん程は決して攘夷の大義は行われざるまじ。そもそも外虜の事、最も癸丑年、墨夷来航の時より既に確乎として立たさせられたる叡慮と云い朝議と云い、たとえ天地漏落すとも攘夷の聖策は変動せらるまじければ、十余年の間、段々事を分け手を尽くして君臣成和の名目を立て、あくまで徳川氏をして詔勅を施行せしめらるべきとの朝議、実に三百年来御附託なし置かれたる手続きを以て幕府と立てさせられ、何処迄も不臣、違勅の廷節を効させまほしくとの思召なるを、却て彼より好みてその思召に離れ奉る。所謂君臣御合体と云う名目を彼はすて、唯外夷と合体して器械・風俗迄彼を師と尊え我国の真武をすてて用いず武運に尽き果てたる徳川氏なるを、尚も委任、武将と思召し頼ませられたる深重至厚の叡慮を、つゆ有り難しと思わで、今程至大の天恩に仇を以て視奉る幕府の心腸、何と名付け言わんや。たとえがたし。かく徳川氏を思召さばとて、この上、祖宗の天下に伐させられがたし。さすれば幕府如何ほど外虜親ばとて、そのままにおかるべきや。断然として再港来拠之外夷を親征せらるべきの外は有るまじく、もし外虜親征御旗一度動かば、徳川氏とても今日の罪名と云い、従来天下を我物になしたる不臣の罪は、自ら逃れざるを知るべし。これ則ち朝廷攘夷の大義、徹上徹下確乎として動かざる所なり。

……御決策なるべし。故に幕府の恐るる処は、唯親征の事なり。さて、この親征の儀を専ら主張せられたるは、三条卿ならびに長門参議父子となり。幕府、この人々に国を注ぎて始終朝廷の為に真忠を尽さるべきはこの卿、この家と云う事、熟視奸察したるや。さて如何なる秘計・密策行われしにや、さしも精忠無二のこの卿、報国一途のこの家、忽ちに罪に付せられ、剰え三条卿已下の人々は庶人に廃せられ、長州は野心を以て目するに至る事かけるも有るまじき事なり。これにて御親征は姑く息みたり。然れども朝廷攘夷の御決策は少しも動かせらるまじく、然れども親征の御決局は明瞭たる事にして、これは天下臣民ともに畏みたる光明至大の叡慮なり。されば、今日将軍再上洛し親王・大臣・要路にあたりて共に一時如何なる評義・謀略ありて、この十余年間、朝廷にて維持せられたる攘夷の大綱記、一度弛むとも真実欺くべからざるの叡慮にて、前々論弁せし如く、又幕府いかに面をかえ貌を改めて如何なる新議を以て欺くとも、攘夷の意は秋毫もこれ無く、唯々天子の聡明をくらまし奉り、天下の正議を付んと険謀狡詐なれば、ゆめゆめ見混えて太義を誤る事なかれ。

天つ日の御蔭によりて栄ふとは
　知らすや松のしたりかほなる
天つ日をおほふ大樹をしはしにて
　つるに枝葉もかれはてぬべし

右は大和浪士六角獄中にて記するなり

崎門学正統派　近藤啓吾先生の教え

前呉市長・日本学協会代表（常務）理事　小村和年

本誌の前身の一つ『崎門学報』を刊行していた崎門学研究会（代表：折本龍則）は、浅見絅斎の『靖献遺言』の輪読からその活動を開始した。その際、テキストとしたのが、崎門学正統を継いだ近藤啓吾先生（平成二十九年十二月に逝去）の『靖献遺言講義』だった。その輪読の過程で、幸運にも近藤先生に直接ご指導いただくことができた。

編集長の坪内隆彦が手紙でのやりとりを経て、平成二十四年十二月、初めて近藤先生の藤沢のご自宅への訪問を許された。その際には、『靖献遺言』を読む際の心構えについてご教示いただいた。その後まもなく発行人の折本龍則も近藤先生から指導を受けるようになった。

近藤先生は厳格な指導で知られていたが、最晩年の先生には柔和な一面もあった。今回は、壮年期の近藤先生から指導を受けた前呉市長・日本学協会代表（常務）理事の小村和年氏に当時の話を聞いた。

『講孟箚記』の講義

――小村さんは、中野の青々塾で近藤啓吾先生から指導を受けました。

小村　昭和三十一（一九五六）年に青々塾が復興した時に、初代の塾頭に就いたのが近藤先生でした。その後、十年余り近藤先生が塾頭として、塾生を指導し塾を支えて下さっていましたが、近藤先生一人に負担をかけているわけにはいかないということになり、平泉澄先生のご長男の洸先生が塾頭に就かれ、ただ、洸先生は平生福井におられましたので、近藤先生を含め四

近藤啓吾先生（平成２年１月３日）

人の塾頭代行によって運営されることになりました。

私は昭和四十四年に青々塾への入塾を許されましたが、日頃の学問は近藤先生を直接の師として学ぶようになりました。最初に受けた講義は『講孟劄記』でした。吉田松陰先生は、ペリー艦隊への密航に失敗し幕府の取調べを受けた後、嘉永七（一八五四）年十月に萩の野山獄に移され、翌安政二（一八五五）年四月十二日から翌年六月十日まで、同囚のために『孟子』の講義をしました。その直後から同囚による輪講も行われますが、この講義の間に書きとめた注解、所感、意見などをまとめたのが『講孟劄記』です。

当然、『孟子』を読んでいなければ、『講孟劄記』の内容はよく理解できません。そこで、一生懸命『孟子』を読んで予習するのですが、やはり理解するのは容易ではありませんでした。

最初の講義の時、先生から『講孟劄記』巻頭の「孟子序説」について所感を求められ、私は「聖賢に阿るべからずということだと思います。孔子や孟子とは我々は立場が異なり、日本人としての立場が大事であり、自分で考えなければならないと思います」とお応えしました。

すると、近藤先生は「学問をしてしない人間が自分で考えてどうなりますか」と厳しく注意され、深く学ぶことの大切さを説かれました。さらに先生は、「そうした姿勢を容認するのが禅や陽明学で、無学な者、未熟な者は、ひとりよがりになるおそれがあります。学問を積んだ上で思索をすることで、正しい判断が出来るようになる。まずは、先哲の古典を十分に読む努力をしなさい。西郷さんは、真心の人であり抜群の人であるが、出処進退の上では、同情すべきところはあるが、禅や陽明学の弊害のようなものもある」とも述べられました。このように、最初の講義で非常に厳しくも懇切に戒められました。

二時間に及ぶ「三種の神器」講義

――小村さんは、先生のご自宅でも指導を受けていました。

小村 近藤先生は、戦後麻布学園の教諭を務めておられましたが、昭和四十六（一九七一）年に麻布学園の大紛争によってお辞めになりました。その後、國學院の講師をやられたりしてご苦労されておられましたが、昭和四十九年から金沢工業大学で教えるようになりました。

大学の仕事が忙しくなり、青々塾に講義に来て頂ける機会が減っていきました。それでも、私は月に二回程度、当時緑が丘（目黒区）にあった先生のお宅にお邪魔し、一時間半から二時間ぐらい先生のお話を聞かせていただきました。

勉強をしていて、いろいろ疑問に感じていることがあっても、細かなことをいちいち平泉先生に直接お尋ねする訳にもいきませんから、疑問に思うことの多くは近藤先生にお聞きし、近藤先生から教えていただきました。

もちろん、平泉先生にもご著書の内容や昭和史の中の出来事等質問し懇切なご指導を頂きましたが、時には厳しいお叱りを受けたこともありました。ある時、私は、武烈天皇が崩御された後、皇統断絶の危機があり、応神天皇の五世孫で、越前国にいた「男大迹王」が継体天皇として即位されたことについて、「これで皇統は問題なくつながったと言えるのでしょうか」と迂闊にも疑問を呈してしまいました。すると、平泉先生は顔色を変えて厳しくお叱りになり、「学問のないものが、勝手な議論をしてはいけない」「日本の歴史について、繰り返し虚心に勉強し、深く理解することが大切です。」と。

こういうことは何度かありましたが、平泉先生に叱責されると、私は食べるものも喉を通らなくなるので、近藤先生のところに行き、何がいけなかったのか教えて頂きました。こういうときの近藤先生は実に優しく懇切でした。

三種の神器論については、近藤先生から二時間に及ぶ講義を受けたことがあります。『平家物語』では、安徳天皇が壇ノ浦に入水した際、草薙剣が失われたとされています。では、三種の神器が奪われた際にはどうなるのか。学問が浅ければ、自然にそんな疑問を抱くものです。しかし、皇統の存続の重さを理解していないから、そうした疑問が浮かぶのだということに気づかされました。正統と神器の関係については、吉田松陰先生も深く思索し述べておられます。

近藤先生の書には「思うに土地といひ家屋といひ、その所有を主張するものが複数であって互ひに所有の権利を争ふ時には、その土地や家屋の権利書を所持してゐるものを正しい所有者と判断せざるを得ない。さればこそ人はみな権利書を大事にして失はぬやう盗まれぬやう、だまし取られぬやう、その保管に心を用ひるのである。神器は権利書と異なり、その由緒からいへば大神が天孫に皇位の御印として賜与せられし神宝であり、大神の神霊の宿らるるところとして歴代天皇が奉守継承して来られた宝器であり、極言すれば、天祖・神器・今上の三者は一体にして、神器を奉持せられるところ、そこに天祖がましますのである」（『続々山崎闇斎の研究』）と書かれています。

――麻布学園の近藤先生の教え子の中には政治家になった人も少なくありません。

小村　橋本龍太郎さんもその一人でした。昭和六十一（一九八六）年に先生が『山崎闇斎の研究』の刊行された際、当時運輸大臣を務めていた橋本さんに、同書を届けるよう命じられたことがあります。

私が秘書官（同期）に頼んで大臣室にお届けに行くと、橋本大臣は、「君は近藤先生の弟子か。何年弟子をやってるんだ」と尋ねられたので、私が「十七年ほどになります」と答えると、橋本さんは「偉い！近藤先生の弟子が十七年務まるということは、それだけで見込みがあるということだ」と言って、沢山の幹部が待っているにも拘らず、懐かしそうに三十分近く時間を割いて話をしてくれました。

橋本さんは、厚生大臣などを歴任した橋本龍伍さんの長男ですが、麻布の時代には父親に反発し荒れていたそうで、近藤先生は龍伍さんから「息子を預かってほしい」と頼まれたそうで、「夏休みの一カ月間、この家で橋本君は過ごしたんだ」と話していました。近藤先生には特別の思いがあったようですね。

『大学』の法によって学ぶ

——小村さんは、近藤先生の著書の校正のお手伝いもしていました。

小村　昭和五十四（一九七九）年に近藤先生が『若林強斎の研究』を刊行されたとき以来、校正のお手伝いをさせていただきました。また、近藤先生は『神道大系』の「垂加神道」を担当され、その下巻に収録した若林強斎の『雑話筆記』の校正もお手伝いさせていただきました。その時に、『大学』をきちんと勉強しなければならないことを改めて痛感しました。

強斎門下の山口春水が享保三（一七一八）年に初めて強斎を訪れた際、強斎から「非常に筋はいいが、基礎ができていない」と戒められました。その時、強斎は「大学ノ法ニヨッテ学バネバ、何ホド書ヲ読ミ事ヲ覚エテモ、素人学ト云フモノ」（『雑話続録』一）と語ったといいます。こうした教えは、朱子に基づいて闇斎先生が強調したことです。朱子は「大学は是れ曾子が、孔子の古人学をなすの大方を説けるを述べたるものにして、門人はまた伝述して以て其の旨を明かし、体統すべて具はれり。此の書を玩味して古人学を為すの嚮《むか》ふ所を知り得て語・孟を読めば、便ち入りやすし。後面の工夫多しと雖ども、しかも大体已に立てり」（『朱子語類』十三）と述べていました。

私は、改めてこうした崎門の考えを強く意識し、『大学』からきちんと勉強し直さなければいけないと痛感し、先生から手ほどきを受けました。

臣下の分を弁えない行為を厳しく批判

——安岡正篤氏が終戦の詔勅を刪修したことが明らかになったことを、近藤先生は強く批判されたと聞きました。

小村　これはあくまでも私への学問の指導として仰ったことで、先生が外に向けて言われたことではありません。終戦の詔勅は内閣書記官長の迫水久常さんのもとで、漢学者・川田瑞穂さんが起草し、さらに安岡先生が刪修したとされていますが、近藤先生は安岡先生が「万世の為に太平を開かんと欲す」という文言を加えたことによって詔勅の格調が損なわれたと批判していました。何より近藤先生は、安岡先生が終戦の詔勅の刪修に当たったことを明らかにし、それが喧伝されたことにお怒りでした。

詔勅は天皇陛下の発せられるお言葉です。臣下が起草するのも、しかるべき者が手を加えるのも、あくまでも案を作るためのお手伝いであって、天皇の裁可を経て詔勅になったら、それは天皇陛下のお言葉であり、その過程を外へ漏らすのは許されざることです。

年号も本来はそうですが、今は内閣が定めて公布する仕組みになっているので、伝統からいうと奇妙な形になっています。

――近藤先生には詔勅案を書くだけの能力があったと思います。

小村 そこのところは私には想像もつきませんが、中国の古典を広く暗誦するほどでなければ、格調の高い文章は書けません。近藤先生は、内田周平（遠湖）先生に漢学を学ぶために大東文化大学に進みました。あるとき、東大の漢文の先生が見てもわからなかったという文書が近藤先生のところに持ち込まれたことがありましたが、先生は読むことは勿論、出典を含めて懇切に解説しておられました。私はこの様子を見ながら、すごい学力をお持ちなんだなと思いました。先生は、漢学は教室で学ぶだけでは限界があるとも仰っておられました。

――近藤先生は、女系容認論について発言することはあったのでしょうか。

小村 そうした発言をすることはありませんでした。ただ、君徳の涵養を担う者の責任の重さを非常に強く感じておられたようです。例えば、小泉信三さんは昭和二十四（一九四九）年に東宮御教育常時参与に就き、皇太子明仁親王（現在の上皇）の教育掛として、ハロルド・ニコルソンの『ジョージ五世伝』などをテキストとして、新しい時代の帝王学を説きました。こうした小泉さんの姿勢に対して、近藤先生は日本の国の本質から非常に憂慮されて厳しいお手紙を出されていたと聞いております。

近藤先生は、学問、特に国家の問題になると非常に厳しい人でしたが、日頃は、実に温かい優しい人でした。ご自宅にお伺いするときはとても緊張しましたが、帰るときはいつも心の中にポカポカと温かいものがありました。

崎門学に学ぶ

『白鹿洞《はくろくどう》書院掲示』 浅見絅斎《けいさい》講義 ⑤

ひの心を継ぐ会会長 三浦夏南

篤行三ヶ条＝修身処事接物

前回までで、窮理四ヶ条学問思弁について書いたので、今回からは篤行について解説して行く。絅斎先生講義には、「さて学問思弁のように身をしばめしばめ行くが篤行ぞ。篤は一重二重で良いと言わぬ詞、其の上を良くし、根へ入々身に熟するようにするを篤という。行というは身に実にして行くこと故に難いことぞ。向こうをながめず、どこまでも内に省みて、己を良くし、己を良くして行くが篤行というもの。」とある。

篤く行うとは、単に知ったことを行うということではなく、身に習熟するように繰り返し篤実に実践して行くことである。しかし初学者は篤く行い習熟体得しろと言われただけでは、日々の修養に切実でないので、ここから篤行をさらに「修身」「処事」「接物」の三段に分けて説明している。掲示本文にはこう書かれてある。

学問思弁四者は理を窮むる所以なり。若し夫れ篤く行うの事は則ち修身より以て処事接物に至るまで、また各要あり。その別左の如し。（掲示本文）

修身とはその名の通り、自己の身上の工夫を述べたものである。処事は事物境遇に対してどのように身を処していくかについての工夫であり、最後の接物は対人関係に焦点を置いて説かれている。身の上、事の上、人の上と分けることによって、修養の工夫の具体的なところを細かく知ることが出来る。篤行や修身と一言で言われたのでは、あまりにも漠然としてしまうので、このように内外表裏、本末始終を一旦細かく分解説明してくれる朱子学は初学者にとって有難い学術である。

修身二ヶ条＝存養、省察

言は忠信、行は篤敬、忿りを懲らし、欲を窒ぎ、善に遷り、過ちを改む。

右を修身の要とす。（掲示本文）

この章は、「言は忠信、行は篤敬、」が一段、「忿りを懲らし、慾を窒ぎ、」が一段、「善に遷り、過ちを改む。」が一段と三段に分かれてあるが、朱子学的意味から見ると、「言は忠信、行は篤敬、」を居敬存養の工夫として一段、「忿りを懲らし、慾を窒ぎ、善に遷り、過ちを改む。」を克己省察の工夫として一段とみて、二段構成として考えた方が良い。絅斎先生も「さて修身の工夫三言に立つが、言は三言なれども、……とんと二ヶ条と合点すべし」と言っている。

居敬存養について

まずは居敬存養の工夫、ここでは具体的に「言は忠信、行は篤敬」とあるが、それについて絅斎先生はどのように言っているかを見ると、「言忠信、行篤敬は病を相手にせず、惣体持守の法ぞ。どうしても邪を受ば、守りの隙間のある故、邪をきざすぞ。慾で身を失ったの、色に溺れたのと言えば、病の相手あるが、その病あるが、手前の虚に乗じて入る故、守りの抜けただけ病を受けそうなる膚になりて、病を受くるぞ。故にこれは病を相手にせず、持守るの工夫ぞ。」とある。

人間が私心に捉われ、邪な道に入るのも、突然に入るのではない。己の心に絅斎先生が言う所の惣体持守の工夫がないからである。主人の無い家にこそ盗人狐狸も入るもので、平生から心掛けるところがあり、油断も隙も無い人の心には、邪心私欲も入り難いということである。これを朱子学では、居敬と言ったり存養と呼んだりする。古言では戒慎恐懼とも言っている。具体的には言は忠信、行は篤敬ということになる。

言は忠信とは、言葉に常に誠があるということで、内から言えば忠、外から言えば信である。言葉を発するに当たって心に誠あるを忠といい、事実に誠あるを信という。言葉が誠心誠意から発せられれば忠であり、その言葉が事実として違えられず履行されるのが信である。心の底から思っていない不誠実な言葉は行動としても現れず、結局は約束を違えることになる。内外分けて言えば二つになるが、その実は一つである。行が篤敬とは、読んで字の如く、行いが篤実で軽薄なところがなく、敬虔で慎ましやかなことである。先述の言葉の誠実に対して、行動の誠実ということである。

言葉と行動とは常に表裏をなすもので、言葉を慎み誠意を尽くすものは、行動においても誠実である。言行両面に於て、如何なる状況に処するも常に慎み深くあること、これが存養の工夫である。

克己省察について

次に克己省察の工夫だが、講義には「忿は悪むから の病、慾は好むからの病、好悪の情の実病ゆえ、この病根が抜けねばどこまでも正直には成れぬぞ。」とあるように、人間の感情の行き過ぎから中庸を外れ、道を誤ることになるわけだが、その中でも怒りと慾こそ、克己すべき主たる感情である。それは、この二つは好悪の情が端的に発現したものであるためである。怒りを懲らすとあるのは、節度のない怒りは種々の問題を惹起するので、怒りが起こりそうになれば、怒ったことから大問題へと発展するかもしれないと戒心し、己の心を懲らすのである。慾を窒ぐとあるのは、表面的に慾を堪えるのではなく、根元から断ち切らねばならぬという厳しい教えである。慾を窒ぐという事に関して、絅斎先生の高弟強斎先生の興味深い説話が有る。

強斎先生は大変書物を大切にされた方で、書物を重んずるあまり、新しい本を汚したくないという私心に煩わされることがあった。書を丁重に扱うこと自体に問題はないが、士として物を惜しむのは恥であると考えられた。これに対して強斎先生がどのように克己されたかというに、本が汚れる前に自ら本を汚したのである。本が汚れることを気に掛けるくらいならば汚してしまえという大胆なやり方に、崎門の端的にして剛毅な学風を感ずることが出来る。

また、善に遷り過ちを改めるという積極的工夫に先立って、怒りと慾に打ち勝つという消極的工夫が先行している理由として講義に、「学は非を相手にめがけて行くことぞ。これを知らずに、さしあたりて非なることのけておいて、良いことしょうとかかる故、面をつくらい、上からなでて通りて、君子をこしらえものにするぞ。政でもさしあたり、百姓の盗みする根を吟味せずに、堯舜の政の井田というては、何の役に立たぬ、博打打つものに諸礼を習えと言うてはいかぬと同じことで、凡そ何事でも自然の理がこうあるぞ。非なことをやめさえすれば、良い方へ心が移るゆえ、修身の法は悪を相手にすることが肝要ぞ。故に忿を懲らし、慾を窒ぐを主にして、善に遷り過ちを改むはその精げぞ。」とある。朱子学は性善説であり、人間の本来が善であると認識しているからこそ、善に対しては手を付けず、徹底的に悪を退けることに主眼を置いている。己の私意私欲を根をさらえて克ち去り、意図せずして現れる善行をこそ真の善意とみなすのである。剛毅朴訥善を誇ることなき武士の風格がひしひしと伝わってくるではないか。

善に遷り過ちを改めるは、孔子の言葉で言えば、克己復礼の「復礼」の部分であり、絅斎先生が言う所の克己の精げである。己の悪感情を反省し、それに打ち勝つだけでは、心上の工夫のみで片手落ちになる。内に省みた後はそれを具体的に表現してこそ克己も意味を持つ。孔子が復礼という具体的事実を以て教えたのもそのためである。

修身二ヶ条まとめ

「存養はたとえば、火事ないさき、盗賊ないさきから平生用心するようなもの、省察は盗賊をとらえ、火打箱を気を付け、隙間あかせず吟味するようなものぞ。存養は平生惣体何を相手と言うことなし、失わぬように離れぬように育てて行くこと、省察は事の端を相手にして、是非善悪を吟味して根を抜いて行く功夫ぞ。宇宙の間をさらえて、修身の功夫はこの両端より外に無きに極まりたるぞ。」と講義にあるように、修身の工夫は未発已発の両面において行われるべきものである。

平生日常から、言行の両面において慎み深くし、一旦事あるごとに内に省み、小さな私心私欲も戒めるようにする。さらに内に省みるだけでなく、強斎先生の本を自ら汚された工夫の如く、事実として善に遷り過ちを改めて行けば、これ以上の修身の工夫はないであろう。極めて平易当然のことのように聞こえるが、中庸とは偏頗なく不易の道であるとともに、平易凡庸の道である。実際に修養すれば極めて困難にして悠遠なる道であることが分かる。

今回は修身について詳説したので、次号では処事接物の二段について書きたいと思う。

五條家御旗祭りに参加
明治維新は南朝の王政復古か

（一社）もっと自分の町を知ろう 会長 浦辺 登

後醍醐天皇の御旗を拝して

令和5年（2023）9月23日、五條家（福岡県八女市黒木町大淵）の「御旗《みはた》祭り」に招かれた。この「御旗祭り」では、年に一度、後醍醐天皇から懐良親王《かねながしんのう》に与えられた「金烏《きんう》の御旗《みはた》」が一般公開される。会場までは福岡市の中心部から高速道路などを経て一時間半は要する。更に、山道を30分ほど東に進めば大分県との境に達し、江戸時代に幕府の日田（大分県）奉行所が管理していた鯛生金山《たいおきんざん》に至る。後醍醐天皇といえば、奈良の吉野と思われるが、その吉野の景観にも似た山深い九州・八女に、なぜ、後醍醐天皇の御旗があるのか……。

＊八女と吉野は姉妹都市の関係

大保原の合戦から南北朝の統一まで

後醍醐天皇は、九州の大宰府（福岡県太宰府市）を制圧するようにと、懐良親王に命じた。このとき、親王の守護（育成を含む）のため、五條頼元（初代）が親王に随従した。瀬戸内、鹿児島を経て北上し、肥後熊本の菊池氏らの支援を受け、大宰府を制圧できた。故に、懐良親王を征西将軍と呼ぶ。これが、歴史年表に記される1334年の「建武の中興」に連なった動きだ。そして、建武14年（1359）、いわゆる「筑後川の戦い」こと日本三大合戦の一つ「大保原《おおほばる》の合《かっ》戦《せん》」となる。あの『日本外史』を著した頼山陽の漢詩にも「筑後河を下りて菊池静観公（菊池武光）の戦処を過ぎ、感じて作有り」として紹介される合戦だ。戦跡の今は、のどかな田園風景が広がるが、合戦での戦死者を弔う寺院や慰霊碑が一帯にはいくつもある。それほどの激戦であったという証拠。

一時は、九州の防衛拠点であり、交易の拠点である大宰府を押さえた懐良親王だったが、次第、次第に北朝方の軍勢に押され、ついに懐良親王からすれば甥、後醍醐天皇からすれば孫になる良成《よしなり》親王に職務を譲られた。その後、北朝方の代表である今川了俊との間で和議（南北朝の統一）となった。すべては戦乱に苦しむ民の営みを考えてのことだった。元中9年、明徳3年（1392）のこと。

厳粛にして、往事を体感できる神事

後醍醐天皇から頂いた御旗を中心にした神事は、午前10時から五條家で始まった。現当主で25代目にあたる五條元滋《ごじょうもとしげ》氏は神職でもある。眺望の開けた縁側に座敷はあるが、上座と下座に区分けされている。上座は一段高く、かつて、北白川宮能久親王（当時：陸軍中将）が明治26年（1893）5月25日に宿泊された場所だ。親王は、良成親王陵墓（宮内庁管理）参拝のため、八女の地を訪ねてこられたのだった。上座には、大保原の合戦の襖絵がある。

神事においては、下座正面に後醍醐天皇からいただいた金烏の御旗が懸けられ、後醍醐天皇の綸旨、往事を偲ぶ甲冑、古文書などが並べられている。金烏の御旗には、八幡大菩薩の文字の下に金烏、いわゆる太陽を表現するカラスが描かれている。太陽とくれば月、いわゆる「玉兎《たまうさぎ》」があるはずだが、激闘の大保原の合戦でなくなってしまったようだ。後醍醐天皇は四人の皇子に御旗を与えたというが、現存するのは五條家に遺るこの一旒だけとなった。それだけに、実に貴重な逸品だ。神事には、地元の八女市長、市議会議長、地元選出の衆参国会議員、福岡県議会議

員、神社関係者などが座敷を埋める。

神事において、語り芝居俳優・岩城朋子さんによる「大保原の合戦」が演じられた。その迫力に参会者は息を殺して鑑賞。来賓者の中には、自身の遠祖が芝居の最中に登場するのでなおさらだ。およそ700年前の激戦が目前に繰り広げられる。山深い、平常は深閑とした八女の地が興奮に包まれる。縁先に陣取った旧南朝家臣の末裔にとって、遠祖の苦しみ、悲しみ、忍従を実感できる時間でもある。来賓者に混じり、新参者ながら、筆者も玉串を奉呈させていただいた。実に、ありがたい、歴史に触れることができた瞬間だった。

＊五條家、良成親王陵墓については、拙著『明治四年・久留米藩難事件』の152～154頁を参照していただきたい。

明治維新とは、久留米藩難事件とは何か

もともと、この五條家に関心が及んだのは、平成29年（2017）から一年半にわたって読売新聞福岡県版に連載した「維新秘話福岡」が発端だった。これは福岡県内に遺る明治維新に関する史跡を訪ね、それを紹介することが目的だった。しかしながら、高山彦九郎の墓所がある遍照院（福岡県久留米市寺町）を訪ねたことから、何か、従前の尊皇攘夷という思想だけでは解明できない「何か」があるのではと感じた。連載終了後、書籍化のため追加取材をしながら、その「何か」を探っていった。そこで、気づいたのが「南朝維新」だった。福岡筑後の志士にとって、あの明治維新の本来の目標は、南朝による王政復古（建武の中興の再現）ではなかったかと。その維新が南朝維新ではないことへの不満が明治四年に起きた久留米藩難事件ではなかったか……。

昭和48年（1973）に刊行された大久保利謙（大

久保利通の孫）監修の『明治維新と九州』（平凡社）では、明治四年の久留米藩難事件は武士の反乱とは区別され、百姓一揆の類いに扱われる。農兵、庄屋、医師などが加わっていることで、百姓一揆に近いとされる。偶発的な百姓一揆の類いに長州奇兵隊の残党、大楽源太郎らが加担した反乱のように述べられる。しかし、旧久留米藩士族の水野正名、小河真文らも関係している。解釈が曖昧で、明治政府の政権の正当性（勝者の歴史）に迎合するような印象を受ける。

なぜ、九州・久留米出身の古松簡二らが藤田小四郎の水戸天狗党決起に参画したのか……。南朝の忠臣・北畠親房に殉じる思いがあったのではないか。なぜ、久留米水天宮宮司であった真木和泉守の門弟たちが奈良の天誅組の変に参画したのか……。更に、今では花《か》山院《さのいん》隊「偽官軍」事件として解き明かされた長州奇兵隊、諸隊の動きも詳細には述べられていない。

南朝方の子孫たち

明治維新は南朝の王政復古が目標だったのではないか。明治10年（1877）、西郷隆盛が決起した。いわゆる「西南戦争」だが、「征韓論」に敗れた西郷の政権への復権とも、大久保利通の謀略ともいわれる。その西郷も、その遠祖をたどれば肥後熊本の菊池一族にある。西郷が遠島の罪を受けた際、自身の名前を菊池源吾と変えた。「吾が源は菊池」という意味だが、南朝の忠臣菊池一族を意識してのことだ。

明治37年（1904）、日露戦争が勃発。この時、金子堅太郎がアメリカに派遣された。ハーバード大学同窓であるアメリカ大統領ルーズベルトに日本支持を要請するためだった。この金子の「自叙伝」には、自身の遠祖が懐良親王に随従して九州に西下した武将であると記されている。明治天皇が南朝を正閏とするとのお言葉に、感激する金子だった。

更には、明治22年（1889）10月18日、外相大隈重信の馬車に向けて爆裂弾を投じた玄洋社の来島恒喜も南朝方の子孫のようだ。来島家には後醍醐天皇の綸旨が伝わっているという。

従前、拝観すら困難であった「金烏の御旗」だったが、一般に公開されるということは、ある意味「岩戸開き」にも通じるのではと感慨に耽った神事だった。

新連載

直心伝―ある武道精神と日本人 第一回

「神明ノ至徳、勇士ノ要道」

『宗教問題』編集長 小川寛大

日本刀の心髄は大和魂にあり

茨城県は鹿島神宮に御手洗池という、すなわち禊のための水場があって、そのほとりに「生足魂」と刻まれた、大きな石碑が立っている。

この御手洗池は、鹿島神宮の拝殿からは少し離れた場所にあって、言ってみれば境内のはずれとみなしてもいいような場所だ。そもそも拝殿などに比べれば、決して多くの人が足を運ぶ場でもなかったのだが、1日に数十万リットルもの湧水がある非常に澄んだその池に、きれいな鯉などが泳ぐさまが写真映えするというので、近年ではスマートフォンを片手に写真を撮りたがる人々などで、境内のなかでもそこそこにぎわう場所になった。

あるとき私が、その御手洗池のそばで「生足魂」の碑を見上げていると、背後から1組の老夫婦がやってきて同じく石碑を見上げ、「大変歴史があるものなのだろうねえ」と、どちらから言うでもなく声を上げた。私は振り返って、彼らに言った。

「いや、これが結構新しいものなんですよ」

そう言って私は碑文のお尻のあたりを指さした。果たしてそこには、「皇紀二千六百二十八年昭和四十三年五月」と彫られてあった。その年号の横あたりにまた彫られている人名を指し、私は続けて言った。

「彼らは私の……先生の先生の同輩あたりになるのかな」

老夫婦は、私に突然声をかけられて当惑し、さらには私の言っていることがよく理解できなかったのだろう。何とも言いようのない表情を浮かべ、私に一言も返すことなくその場を去っていった。

その私が指さした人名、すなわちこの石碑をつくった人々の名は、今の一般的な日本人には全然知られていないだろうが、この『維新と興亜』誌の読者には、親しみを持っていただけると思う。そこがこの雑誌に、私が親しみを持ってしまうところでもある。それではその碑文に、誰の名が彫られているか記そう。

「三潴信吾謹撰　大森曹玄謹書」

鹿島神宮の直心影流流祖碑

三潴は戦前の東京帝国大学法学部で教授を務めた筧克彦の弟子で、自身も法学者となって、戦後に岸信介首相の改憲ブレーンとしても知られた人。大森は戦前にいわゆる右翼活動に挺身し、戦後は臨済宗の禅僧となってその見識を知られ、花園大学の学長にもなった男である。

この三潴と大森を結びつけるものは何か。それが、「生足魂」の碑文の冒頭に刻まれた字に表れている。

「鹿島神傳直心影流流祖碑」

直心影流とは、日本に古くから伝わる剣術流派のひとつで、三潴も大森も、この武道の修行者だった。「生足魂」の碑文には以下のように書かれている。

〈夫レ古来我ガ武道ハ剣道ニ由ツテ立ツ而シテ日本刀ノ神髄ハ実ニ皇国伝来ノ惟神ノ大道ヲ百錬自得世々ニ継受シテ生成化育創造ノ至妙ヲ発揚シ以テ無窮ニ弥栄エ至誠一貫唯天業ニ侍スル大和魂其ノ者ニ他ナラズ生ク足ルノ義亦正ニ此ニ在ラン〉

鹿島の神事から生まれし剣

直心影流は鹿島の地で生まれた。もともと鹿島神宮は、奈良時代に関東で集められた防人が西方へおもむく際、武運長久を祈りに訪れた神社である。

「霰降り鹿島の神を祈りつつ　皇御軍に我れは来にしを」

奈良時代の天平勝宝7年（755）、鹿島から九州へ向かった防人の歌った、いわゆる「防人歌」で、万葉集に収録されている。こうした歴史的な事実から、人が何かを思い立って旅立つことを、古来「鹿島立ち」と称する。

このような背景を持つ鹿島神宮は武の聖地とされ、その地にはさまざまな武芸者が訪れては、技を練った。塚原卜伝や上泉伊勢といった歴史上の剣豪たちも、そのなかにいた。直心影流はそういう歴史と風土のなかから、室町時代後期、鹿島神宮の神官であった松本備前によって創始された。その剣法は、当時の鹿島の神官が行っていた神事の作法に影響を受けているという。

後々までその道統は伝えられ、先述したように、三潴信吾や大森曹玄もその剣を修した。

それだけの歴史があるわけだから、直心影流からはさまざまな剣客が出た。そして、それは直心影流特有の現象でもなく、ある程度の歴史があれば、大抵の流派からは名のある剣客が出ている。しかし、そうしたなかで私はあえて、直心影流の修行者中に、三潴信吾や大森曹玄といった人物がいたことを特記したいのである。

いや、彼らだけではない。鹿島神宮と同じ茨城県の、内原という場所にいま日本農業実践学園という農業の専門学校があって、ここは戦前「日本国民高等学校」と言ったのだが、その設立者で、「満州開拓の父」とされた農本主義者・加藤完治もまた、直心影流を修した人物だった。また、さらにさかのぼれば、幕末維新期の日本に大変な貢献をなした幕臣・勝海舟も直心影流の門人であり、彼は後年はっきり、「本当に修行したのは、剣術ばかりだ」と、あれだけの見識の士にして言っている。

直心影流の面白いところはまさに、その学んだ剣の腕を、武道の世界を飛び越え、世の中をどうするかという問題に切り結ぶことに用いた、ある種の奇人、快人が、しばしば現れたところである。三潴や大森、加藤、勝らは、別に直心影流の道統継承者というわけでもない。しかし彼らは剣を通じて、確かに世の中に何かをなしたのだ。そして私はその根本精神は、まさに鹿島神宮・御手洗池そばに立つ石碑の、「夫レ古来我ガ武道ハ剣道ニ由ツテ立ツ」の文に求められると思っているのである。

直キ心コソ大事ナレ

今となっては、戦争は戦車や航空機、ミサイルで行う時代である。剣道のみならず、柔道や空手にいくら修練しても、実際の国際関係を動かせるわけではない。そういう意味で、現代の武道が一種のスポーツ娯楽と化すのは当たり前のことで、私はまったくそうした武道の現状を否定しない。むしろこの21世紀において、武道を真剣な殺人術、戦闘術のようにとらえる向きのほうが、何か異常と言わざるをえない。

しかし私は、そういう「武道が何の役にも立たなくなった時代」のなかで、はっきりと時代に切り結び、そこに武道の力で何かの痕跡を残せた人々が直心影流にいたことを、ひそかな喜びとしたいのである。

そう、「ひそかな喜び」である。こんなことは、ただ同じく直心影流を修する私が一人の胸の内で拳拳服膺していればいいことなのであって、ことさら誰かと語らうような話でもない。

しかし今回、この『維新と興亜』誌から私は、武道について何らかの文を書いてほしいとの依頼を受けた。そしていま、スマートフォンで「映える写真」を取ろうと鹿島神宮・御手洗池にかつてなく人が集まる状況下で、「生足魂」碑が特に見向きもされず、三潴信吾、大森曹玄と言っても、ほとんど誰にも理解されない時代が到来したことについて、いろいろ考えるところがあった。ならばまだ、三潴、大森と言って少しでもわかる読者がいる、この『維新と興亜』という稀有な雑誌に、何かものを書き残しておくことは、少しばかり意味があることなのではないかとも、また考えたのである。

私がこれから書くことは、武道の話ではあるが、剣の使い方がどうであるとか、そうした技術の話をする気は一切ない。道場の実践外において、文章でそのような論をもてあそぶことは、武道人にとって最大の恥辱ですらある。そして実際、直心影流の定めた文書「法定会会約」にはこうある（「法定」とは直心影流の最も基本的な形のこと）。

〈素法定学ハ手ノ舞ヒ足踏ノ術ニアラズ。上ハ則チ神明ノ至徳、下ハ勇士ノ要道ニ因ル。法ハ自然ノ法則、定ハ道ヲ定メ、知ノ感ズル所ニ応ジ、義ノアル所ニ従フノミ〉

かつまた、「生足魂」碑はこう示す。

〈一切諸行ハ心ノ影也気ハ即チ影ニ応ズ直キ心コソ大事ナレトノ意也〉

私は武道の、直心影流のすべてを、道場で学んだ。逆に言えば、それ以外の場所では一切学んでこなかった。いま、武道の世界でも実証研究といったことが盛んとなり、古文書の解明などによって、「正しい武道史」を紡ぐ動きが活発になっている。しかし、私は学者でも何でもない。私がこれから書くことは、「学問の世界」ではすでに「間違っている」とされていることも、多々含むと思う。しかし、私は道場で学んだことがすべてで、わが敬する先人たちもまた、そうした人々であった。何より私は、学者の研究材料になるために生きているのではない。

そうしたことを前提として、私は私の先達が示してきた「神明ノ至徳、勇士ノ要道」のあり方を、これより語ってみようと思うのである。

出でよ！　「日本再建」を担う若手論客

「日本再建」懸賞論文

テーマ　昭和維新運動から何を継承すべきか

一般財団法人昭和維新顕彰財団は、「日本再建」を担う若手論客の発掘と育成を目指し、第2回（令和5年）懸賞論文を実施します。

■賞　最優秀賞（1名）　　30万円
優 秀 賞（2名）　　10万円
優 良 賞（5名以内）　5万円
＊受賞作品は『維新と興亜』に掲載

■応募作品
4000字～10000字のWord形式の原稿データ
＊必ず住所・氏名・年齢・職業・電話番号を記載
＊参考・引用箇所は出典を明記

■応募期間　令和5年5年15日～令和5年12月31日までに
メールで送信　mail@ishintokoua.com

■応募資格　35歳以下（令和5年12月31日現在）
日本国内外・プロアマ問わず

■審　査　令和6年1月1日～3月31日

■審査委員
委員長：岡本幸治（京都大学法学博士）
委　員：クリストファー・スピルマン（エール大学歴史学博士）、小山俊樹（帝京大学教授）、橋本量則（ロンドン大学歴史学博士）、坪内隆彦（『維新と興亜』編集長）

■発　表　令和6年4月15日（財団ホームページで）

■表彰式　令和6年度大夢祭
（岐阜護国神社、令和6年5月15日斎行）

■問合せ　「日本再建」懸賞論文実行委員会（委員長：花房東洋）
〒279-0002　千葉県浦安市北栄1-16-5-302
FAX 047-355-3770　　mail@ishintokoua.com

新連載

八紘一宇と世界連邦～理想と現実の間で❶

武蔵野市・世界連邦平和の像

亜細亜大学非常勤講師

金子宗徳

長崎平和祈念像と対をなすもの

ＪＲ三鷹駅の北口、駅前ロータリーの中央にブロンズ像が立つ。馬に跨った裸の女神像（高さ三・八メートル）で、左手にトーチを持ち、右手の掌は虚空に向けて開かれている。

石造りの台座の南面には、独特の字体で「世界連邦平和の像 西望作」と記された銘板が埋め込まれている。長崎平和祈念像の作者としても知られる、昭和を代表する彫刻家・北村西望の作品だ。北村は武蔵野市の住民で、都立井の頭公園の敷地内にアトリエを構えていた――このアトリエは東京都に寄贈され、今では井の頭自然文化園の施設となっている。

この像について、「男性を素材とした記念像が最も静の姿勢であるのに対し、女性を素材としたこのたびの平和像が最も活動的であること、この二つは私の作品のなかでも最も代表的な対象《ママ》的平和像である」（「制作者のことば」）と北村は記す。

さらに、北村は次のように続ける。

　この平和の尊いと言う言葉は、今から千三百年の昔、すなわち、天平《ママ》の時代聖徳太子が十七条憲法の第一章《ママ》に「和を以て貴しと為す」の句がある、人間の世界はいかに平和を叫んで見ても、戦争を全然なくすることはなかなか容易ではあるまい。それは人殺しや悪者がなくならないのと同じである。けれども大戦争にしない位のことは、文明人

北村西望

としてしとげなければならない。すなわち、人間は絶えず善に向って進み、絶えず平和に向かって努力することを忘れてはならない、ということではあるまいか。

像の落成に至るまで

この像が落成したのは昭和四十四年（一九六九）十一月二十三日のことであるが、そもそもの契機は、昭和三十五年（一九五九）六月二十八日に武蔵野市議会が「世界連邦平和宣言」を全会一致で採択したことに始まる。

武蔵野市は、世界の恒久平和と人類永遠の繁栄とを保障する世界連邦の建設に同意し武力国家の対立を解消して英知と友愛に基づく世界の新しい秩序の実現を希求する。人類最初の原爆被災国として、また戦争放棄を憲法に明記した国として提唱し得る最適の立場にあることを確信し、この宣言を行ない、他の宣言都市と相携えて、世論を喚起し、これを国政に反映せしめ、速やかに国家宣言を行なうと共に、進んで現行の国連憲章の改正により世界連邦の実現を期するものである。

世界連邦平和の像

南側銘板

その後、この宣言を記念するモニュメントを造

田中正明

営しようとの動きが起こり、昭和三十九年（一九六四）一月、世界連邦建設同盟武蔵野支部から市議会に対し、①吉祥寺駅に程近い公会堂前に平和像を建立する、②その補助金を市より拠出する、③建設委員会に市議会からも代表を参加させる、という三点を求める請願が提出された。そのうち③が承認されたことを受け、前市長・荒井源吉を委員長とする建設委員会が組織される。

像の建立場所は様々な検討を経て三鷹駅北口と決まり、市長・市議会議長や武蔵野市を含む旧東京七区選出の国会議員や都議会議員を始め、市内各種団体や世界建設同盟武蔵野支部の関係者、市内に武蔵野製作所・多摩製作所を有して大東亜戦争で大きな被害を受けた旧・中島飛行機の代表が参加した建設委員会により計画の具体化が進み、補助金の支出も市議会で可決された。これに加えて市内の企業や団体からの寄付金を加えた七八五万円余が建設委員会に集まった。

制作を依頼された北村は鋳造原価に相当する五百万円で引き受ける。また、台座は隣接する小金井市の石材店・つくば家の手になるもので、世界連邦に因んでイタリア・スウェーデン・メキシコなど各国から集められた四十八枚の石が埋め込まれ、第二次世界大戦で散華された武蔵野市出身の英霊（四百七十余名）と米軍の空襲により犠牲となった旧・中島飛行機の関係者が祀られているという。

極めて困難な課題

台座の北面に埋め込まれた銘板には、世界連邦建設同盟事務局長で武蔵野市の住民でもある田中正明が起草し、西望の筆で記された一文が彫り込まれている。

全面的破滅を避けるという目標は
他のいかなる目標にも優位しなければならぬ
アインシュタインの平和原則にのっとり

武蔵野市議会は
一九六〇年
世界連邦平和宣言を議決した
戦争も平和もともに人間の心に発する
女神よ
願わくは地のはてまでも天馳けり
全人類ひとりひとりの胸に聖火を点ぜられよ

文中の「アインシュタインの平和原則」とは「ラッセル・アインシュタイン宣言」とも呼ばれ、一九五五年七月九日、米ソ両国の核開発競争に危機感を抱いた当代一流の科学者十一名――日本からは湯川秀樹が加わっている――が、「世界の諸政府に、彼らの目的が世界戦争によっては促進されないことを自覚し、このことを公然とみとめる」こと、「あらゆる紛争問題の解決のための平和的な手段をみいだす」ことを勧告したもの。これを受けて、一九五七年に核兵器と戦争の廃絶を訴えるパグウォッシュ会議が創設された。

この平和像が立てられてから五十有余年、平和宣言がなされてから六十有余年が経過したものの、紛争解決手段としての戦争はなくならず、核兵器の廃絶も困難な状況だ。それどころか、ウロ事変において核兵器が使用される可能性は否定できず、世界戦争に転化する危険性も懸念される。「いかに平和を叫んで見ても、戦争を全然なくすることはなかなか容易ではあるまい」と言う北村にせよ、「戦争も平和もともに人間の心に発する」という田中にせよ、このことは十分に分かっていたであろう。しかしながら、両者は世界の恒久平和という理想を求めて已まなかったのである。

「ラッセル・アインシュタイン宣言」を発表するラッセル

天皇を戴く国（十一）

「不文の憲法」の中核にある天壌無窮の神勅

元衆議院議員　西村眞悟

政府主催の「主権回復を祝う会」が天皇皇后両陛下の御臨席を得て開催された意義

安倍晋三が、令和四年七月八日午前十一時三十一分、奈良の近鉄大和西大寺駅頭で街頭演説中に銃撃され、同日夕刻、奈良県立医大病院より死亡を確認した旨の発表があった。その時、私は、安倍と同じ長州人の伊藤博文が、明治四十二年十月二十六日、満州のハルビン駅頭で、同じように銃撃され死亡したことを思い浮かべた。伊藤も安倍も同じ、享年六十八歳だった。幕末維新の動乱のなかで伊藤と同じ死線を潜った長州の同志井上馨は、伊藤の死の報に接し、「伊藤は維新の志士のように死んだ」と羨んだ。井上は、伊藤の死の六年後、維新の志士のようには死ねず、畳の上で七十九歳で亡くなった。

現在、安倍晋三が、維新の志士のように死んでから、既に一年三箇月が閲している。よって、ここで、安倍晋三の祖国日本に対する最大かつ最深の功績を語る。

今まで、マスコミ人や識者は、「安倍晋三の功績」を語り続けてきた。しかし、これから語る眞の功績は語られなかった。何故なら、それを語れば「戦後日本の前提」が覆り崩壊するからだ。では、「戦後日本の前提」とは何か。それは、我が国に国家主権が無い時に、外国人が書いた「日本国憲法と題する文書」を日本の憲法と思い込んでいることである。しかし、安倍晋三の祖国日本に対する最大の功績によって、既に、「日本国憲法と題する文書」を日本の憲法と思い込むことができなくなっているのだ。即ち、我らは、既に、「日本を取り戻す」ことができる次元に立っている。これが、安倍晋三の最大の功績でなくて何であろうか。

平成二十四年暮れの総選挙において、安倍晋三は、「日本を取り戻す」そして「戦後体制からの脱却」というスローガンを掲げて戦い、国民の賛同を集めて勝利して政権に復帰した。そして、平成二十五年に入って迎えた四月二十八日に、総理大臣安倍晋三は、憲政記念館において政府主催の「主権回復を祝う会」を、天皇皇后両陛下の御臨席を得て開催したのだ。この開会の挨拶に立った総理大臣安倍晋三は、昭和二十年九月二日の降伏文書調印によって連合国の占領下に入った我が国の国民に対して、昭和天皇が歌われた御製

ふりつもるみ雪にたへていろかへぬ
　　松ぞををしき人もかくあれ

を朗唱した。その時、安倍晋三の声は、込み上げる嗚咽に震えた。

日本が英米をはじめとする四十八カ国の連合国と締結したサンフランシスコ講和条約は、昭和二十六年九月八日に調印され、各国の批准を経て同二十七年四月二十八日発効した。そして、条約第一条に基づき、この日、日本と連合国との間の戦争状態は終了し、日本国民は完全な主権を回復した。よって、安倍晋三は、平成二十五年四月二十八日、日本国内閣総理大臣として、我が国の「主権回復を祝う会」を開催し、「日本を取り戻す」ため「戦後体制から脱却する」ための扉を、開いたのだ。

言うまでもなく、我が国政府が、公式に、昭和二十七年四月二十八日の主権回復を祝うということは、我が国には、昭和二十年九月二日の降伏文書調印から同二十七年四月二十八日の講和条約発効までの間、国家主権が無かったことを明確に確認したということである。

従って、我が国に国家主権が無い昭和二十一年十一月三日に公布され翌二十二年五月三日に施行された「日本国憲法と題する文書」は、我が国の憲法として無効であることが公的に確認されたのだ。これが、総理大臣安倍晋三の祖国日本に対する功績である。そして、この「主権回復を祝う会」の閉会に当たり、天皇皇后両陛下が会場の憲政記念館からご退席になるとき、会場を満たした全参加者は起立し、声を限りに、「天皇陛下萬歳!」を叫んだ。

「不文の憲法」の尊さ

次に、我が国の「眞の憲法」は、何処に如何に存在するのかを確認しなければならない。

およそ、憲法を含む「法の存在の仕方」として、一定の手続きを経て紙に書かれた「法典」として存在するものと、「法典」ではないが、長年の習慣や慣例そして掟《おきて》として実質的に存在するものがある。憲法においては前者が「成文憲法」で、後者が「不文の憲法」である。そして、現在の我が国は、「成文憲法」の国ではなく、イギリスと同じく「不文の憲法」の国なのだ。

イギリスは西暦一〇六六年のウイリアム一世によるノルマン王朝創設以来、現在まで、九百五十七年間、四十一人の国王が世襲の王統を継承してきた。そして、我が国は、一万年以上続いた縄文期を母体として、「天照大御神の天壌無窮の神勅」によって生まれた初代神武天皇による建国から、二千六百八十三年を経た現陛下に至るまで、萬世一系、百二十六代の皇統が続いてきている。前記、憲政記念館からご退席される天皇陛下を見送る参加者が叫んだ「天皇陛下萬歳！」は、日本におけるこの神秘な皇統継承を可能にしている「不文の憲法」への畏敬と感謝の叫びではなかったか。

これに対して、革命で王権を断絶させたフランスの例を挙げれば、一七九一年の成文憲法制定から一九五八年の第五共和制憲法（ド・ゴール憲法）に至るまで、敗戦やクーデターや革命による流血と殺戮のなかで王政憲法や共和制憲法が繰り返し現れては廃棄され、成文憲法の総数は十五本を超えている。さらに、このフランスの例に加えて、ロシアは革命により、ドイツ、オーストリア、イタリアは敗戦により、その古き良き国の歴史を閉じてきた。

この欧州諸国の例に比べれば、同じ欧州にありながら「不文の憲法」のもとで、九百五十七年間、世襲の王統が守られ現在に至るイギリスの安定性は特筆されるべきである。まして、我が国の「天照大御神の天壌無窮の神勅」による神武天皇を初代とする萬世一系の天皇は、太古から、古墳時代、飛鳥、奈良、平安、鎌倉、室町、戦国、江戸時代を経て現在に至るまで二千六百八十三年間、百二十六代にわたっている。このこと、世界の諸民族の興亡と盛衰の歴史の中で、現に日本においてだけ、奇跡の如く起こっている。我々日本人は、この奇跡の如き恩恵をもたらした我が国の「不文の憲法」の尊さありがたさを噛みしめねばならない。

そこで最後に、同じ「不文の憲法」の国であるイギリスと我が国との、大きな違いをもたらしている「不文の憲法の法源の違い」を指摘して本稿を終えたい。イギリスの不文の憲法の法源の中核はマグナ・カルタ（一二一五年）で、これは国王ジョンに対する貴族の権利要求である。

これに対して、我が国の不文の憲法の中核は「天照大御神の天壌無窮の神勅」である。この違いをもたらしているものを、フランスの社会人類学者クロード・レヴィ＝ストロース（一九〇八〜二〇〇九年）は、「われわれ西洋人にとっては、神話と歴史の間に、ぽっかりと深淵が開いている。日本の最大の魅力の一つは、これとは反対に、そこでは誰もが歴史とも神話とも密接な絆をむすんでいられるという点にあるのだ」と指摘している。

誠の人　前原一誠⑤
師に殉じる心とは

本誌副編集長　小野耕資

※前号までのあらすじ

佐世八十郎（前原一誠）は、落馬で足を悪くした陰気な青年だったが、二十四歳の時に松下村塾に通い吉田松陰に触れる運命的な出会いを果たし、松陰からは「誠実人に過ぐ」と評され、師の死後その言葉を胸に「一誠」と名乗る。やがて松下村塾塾生は国事に奔走し、久坂玄瑞、高杉晋作ら仲間は次々と横死していく。そして維新が成るも一誠は失望し萩に帰った。萩では松陰の師玉木文之進の一党と結託、蹶起に向けて心を固めつつあった―。

蹶起せよ！

萩の士族は居場所を失っていた。版籍奉還があり、廃藩置県があり、藩主も士族も禄を失い、仕事を失った。新時代の波に乗り切れない人々が続出した。政府からしてみれば国家財政の三分の一を費やす士族の処分は当然であった。しかし窮迫し、生き甲斐を失った士族の憤懣は強い。それでも良い政治が行われているのならまだよい。だが新政府は幕末の頃の尊皇攘夷はどこへやら、文明開化だ西洋列強に倣えというばかりで、理想政治とは程遠かった。明治政府は千島樺太交換条約でロシアに樺太を挙げてしまったり、江戸幕府以上に弱腰だ。政府高官の汚職もひどい。これなら自分たちでやったほうがまだましだ。これでよいはずがない。誰かが立ち上がらなくてはならない。

自分が…！

一誠はついに立ち上がることを決めた。明治八年末のことである。それからは準備を進めつつ機をはかる毎日である。九州から弟佐世一清も帰り、山田家に養子に行った弟山田穎太郎を含めた三兄弟が結集し、玉木文之進の養子玉木正誼（乃木希典の実弟）、松陰亡き後の吉田家を継いだ吉田小太郎（松陰の兄杉民治の子）の五人衆が中心となって蹶起の計画は進められていた。政府は間諜を放ち、一誠ら一党を挑発していた。薩摩の大西郷、熊本の敬神党（神風連）、福岡にも反政府党はおり、これらが結託する前に蹶起させて個々に撃破しようというのが大久保や木戸の策である。これに乗ってはいけない。

一誠は同志を頻りに九州の情報探索に向かうと同時に、九州を始め関東の同志とも連絡を取り合い、蹶起の時期を待った。

一誠は指宿貞文、小林寛なる人物の来訪を受けた。彼らは西郷党の一人であると言い、政府の悪政は我慢ならない、武器弾薬の都合がつかなければ薩摩で調達の上、差し上げようとの申し出であった。一誠は勿怪の幸いと喜んだ。だが後日西郷に確認すると、指宿も小林も未知の人物であるという。二人は政府の間諜だったのだ。

「はめられた…」

一誠は落胆した。それとともに、ここに至っては進むも戻るも一緒だ､起つしかないとの心情にかられた。

そのころ萩の一誠を訪ねてきた者がいた。同じ松下村塾門下の品川弥二郎である。品川は当時政府に仕え英国とドイツに渡り見聞を深めてはいたが、やはり東洋的道徳の方が西洋的近代化より必要だと感じていた。一誠と品川は一誠の方が九歳も年長であったが、意気の通じた仲間であった。

「一誠殿。お気持ちはわかるが蹶起の計画はすべて

品川弥二郎

政府に漏れている。勝ち目はない。誠心誠意謝罪すれば許される道もあるだろう。思い直していただきたい」

品川の涙ながらの説得に、一誠も心動かされた。この辺りが一誠のお人好しな弱さでもある。

「承知した。罪は僕一人で負う。他の者には何の責任もない。そして法廷で僕の心の内を述べさせていただきたい。それが認められるのであれば甘んじて縛に就こう」

品川は急ぎ東京に戻り、報告した。

「一誠殿は謝意を示している。戦う必要はない！」

しかし大久保も、木戸も、伊藤博文も、山縣有朋もこれを信じなかった。

「品川よ、そんなものは前原の時間稼ぎだ！　そんなものを信じてはいけない」

品川はひどく落胆した。

「どうあっても政府は一誠殿を殺すつもりなのだ…」

品川の中にも失望と憤懣が顔をのぞかせた。

のちの話になるが、明治政府はこののちも品川に対して選挙干渉など汚れ仕事ともいうべき嫌な仕事ばかりを押し付け続けた。品川はそれを忠実に遂行するが、裏では陸羯南ら明治二十年代の反政府言論に力を貸したり、親政府的な政党として国民協会を結成・運営するのに一役買うも、国民協会はいつの間にか反政府的議論を興すなど、政府に面従腹背的態度を取り続けた。明治三十三年（一九〇〇年）、流行性感冒による肺炎で死去。五八歳であった。

その後一誠を訪ねたのは井上馨である。しかも山口まで出て来いという。随分横柄であり、不愉快である。それでも一誠は出かけるつもりではあったが、体調不良を起こし倒れてしまった。そのため弟の山田穎太郎が山口まで出向き対応した。井上の山口来訪は警察を伴ったものであり、一誠はどうやら品川の工作は失敗したらしいと感知した。そして政府への冷たい感情がよみがえってきたのである。

そのころ玉木正誼は実兄乃木希典にしきりに書状を送り、蹶起を共にすることを暗に誘っていた。

「前原先生はぜひ兄上にご出馬いただきたいと熱望しております」

「私はそのような陰謀には与しない」

「前原先生は日本の現状を見るに忍びなく、あえて立ち上がられるのです。これを見捨てないでいただきたいのです」

「私は国に仕える軍人だ。陛下のご命令によってのみ行動する。このままそなたが立ち上がるというのなら、敵として戦うことになろう」

こうして乃木希典、玉木正誼兄弟は義絶することとなった。乃木は帰る正誼に「これでも持って行け」と新聞紙にくるんだ包みを差し出した。帰り道で正誼があけると中には当時珍しいカステラが包まれていた。正誼は兄の情愛を思い感涙した。この兄弟はその後二度と顔を合わせることはできなかった。

熊本敬神党ついに起つ

明治九年（一八七六年）十月二十四日、ついに熊本で敬神党が立ち上がった。俗に「神風連の変」と呼ばれる事件である。一誠は蹶起前から敬神党と歩調を合わせるべく連絡を取り使者を差し向けていたが、敬神党は政府の間諜かと疑いまともに相手をしなかった。とはいえ、敬神党は薩摩嫌いで西郷一派とはまったく連携を取っていなかったが、長州には好感を抱いていたようで、一誠とはかかわりを持っていた。だが、政府の密偵の恐れもあり、両者の連携は成就しなかったのである。

敬神党の元となった林桜園は国学を修めた人物で、桜園が建てた原道館では多くの人物がその教えを受けた。原道館の原道とは道の根源を探求するという意味であり、教育の柱は、敬神・愛国・皇室中心主義である。しかし桜園は儒学や仏教、老荘、西洋思想さえ必要であれば取り入れる柔軟な考えを持っていた。桜園は一種神秘的なところのある人物で、そのカリスマ性に人々はついてきたのである。

桜園は尊王攘夷の思想家であったが、彼は倒幕というような政治行動にあまり関心がなかった。彼が望ん

林桜園

だのは攘夷の貫徹である。ただし桜園の思想の特徴は「攘夷をするために諸国が連合して幕府を倒し西洋に対抗する」といったような合理的あるいは功利的な態度をさかしらであるとして拒絶するところにあった。桜園はヨーロッパの文物を身辺に近づけることを忌むような偏狭さはまるで持ち合わせていない。ただ純粋に、外国の侵略に立ち向かうという意志を確立すること、そこに桜園の意図がある。勝てるから欧米と闘うのではない。そうしたくだらない政治的打算を徹底的に打ち捨てたところにある…。

桜園の元では吉田松陰、真木和泉守、河上彦斎、佐賀の変を起こす島義勇、そして神風連の変の中心人物太田黒伴雄が学んだ。後年太田黒は「宇気比」ですべてを決める頑迷固陋な人物であるかのように言われた。たしかに神道を固く信じる彼等にとって「宇気比」は重要なものではあったが、それをもって固陋とするのはあまりに一面的な味方であろう。

その桜園が明治三年に七十三歳で亡くなった。その後一党は後継者たる太田黒伴雄の元に集った。太田黒は桜園のようなカリスマ性はなかったが、師の教えを守り抜くという誠意のある人物であった。

師に殉じるということ

同二十七日に旧秋月藩の士族も立ち上がった。これら、そして西郷隆盛が連携して立ち上がりたかったが、連日とはいえ散発的に蹶起することになってしまったのは、一誠の大きな誤算であった。

だが一方で後世のわれわれは気づかなくてはならない。佐賀の変と熊本敬神党の変、秋月の変、萩の変、西南戦争。これらは政府の密偵の成果もあり、互いに連携できずになし崩し的に各自蜂起することとなった。だからこそよかったのだと。

これが自らの勝利のために互いに連携し、軍事的な優位を確立すべく画策したのであれば、これは政府軍と同じさかしらさを自らが抱え込むことになる。彼らは大久保や木戸、山縣、伊藤から政権を奪うために立ち上がったのではない。己の誇りを示すため、そして師の教えを貫くために立ち上がったのだ。松陰もまた、そうした打算を嫌う人物であった。

一誠は思い返していた。松陰が日米修好通商条約締結に激怒し、老中首座間部詮勝襲撃を計画した時もそうであった。そもそも襲撃できるのか、成功の可能性があるのか、成功したところで米国との事態が好転する可能性があるのか、そうしたあらゆる功利的打算を超えたところに忠義はある。

「諸君は功業を成すつもり。僕は忠義を成す」

師松陰はそういって忠義を成そうとして死んでいった。あの時の自分は師に地獄まで付いていくことができなかった。つい成算を考えてしまい、師と行動を共にすることを思いとどまってしまった。

「一誠」

自分は師が自分を激賞してくれた「誠」の字を名乗っている。いまこそ誠を発揮すべき時ではないのか？　命を使うべき時が来たのだ。

命は大事だと皆言う。死なずに済むならそのほうがよいだろう。だが命は粗末に扱うべき時もある。時満ちたなら、進んで死のう。人は死によって完成する。

世間で栄達した連中は、皆松陰の心を忘れている。国を率いる。大臣だ官位だ名誉だ富だ、それがなんだというのだ。そんなもののために立ち上がったのではない！　至誠にして動かざるものなし。俺が本当の誠を見せてやる。

萩の変は翌二十八日から始まる。

（続）

ワン・ワールド経済からの脱却③

忍び寄るパンデミック条約

祖国再生同盟代表・弁護士　木原功仁哉

国内第一号のワクチン後遺症訴訟

私は、神奈川県内の集団接種会場で第一回目の武漢ウイルス（新型コロナウイルス）ワクチン（ファイザー社製）を接種した40代女性が、2年以上にわたり動悸・息切れ（心筋炎・心膜炎の疑い）等の後遺症状に苦しみ日常生活が相当制限されているため、令和5年9月20日、女性の代理人として国、ファイザー（日本法人）及び自治体を相手取って６０００万円余りを請求する国家賠償訴訟を東京地裁に提起した。その記者会見の模様は、同日午後5時のＮＨＫ全国ニュースで報道された。

国は、〝予防接種救済制度〟に基づき、接種後の死亡・後遺症の場合に所定の金員を支払うことになっている。その審査状況は、令和5年9月27日時点で申請が受理されたのは８９５７件で、うち認定４５２０件（うち死亡２６９件、後遺障害11件）、否認６４４件、審査待ち３７９３件である。そして、前記認定件数は、なんと過去45年間全てのワクチン被害認定数累計を超えるに至っており、それを熟知した上で推進しているのだからもはや〝虐殺〟の類としかいいようがない。

今回の裁判で焦点となるのが「国とファイザー間の損失補償契約（免責契約）の存在及び内容」である。この契約が存在することにより、ファイザーは日本国内でワクチン禍がどれだけ拡大しようとも賠償義務を負うことはないし、自らが法的責任を負う必要がない以上、品質や安全性の保持に必要なコストを下げても構わないとのモチベーションが働くことは容易に想像できる。かくして、ワクチンを製造する巨大製薬会社は巨万の富を得る一方、国民は薬害に罹る危険性のあるワクチンを〝ロシアン・ルーレット〟のごとく接種させられるのであり、そのような契約を締結した国の責任は厳しく問われなければならない。

この裁判は、祖国再生同盟最高顧問の南出喜久治弁護士と二名で対応しており、さらに免疫学の医学者らの協力を得ることにより、最善を尽くした訴訟追行をしてまいりたい。

ワクチン推進勢力に献上する国費

令和2年以降のコロナ禍により市井の生活は一変し、飲食業や観光業などでは倒産や廃業が相次ぎ、路頭に迷う人々が続出する一方で、巨大製薬会社や巨大IT企業とその関連企業は典型的な〝勝ち組〟となった。

すなわち、ファイザーはコロナ禍前（令和元年12月通期決算）の売上高510億ドルを1000億ドル（令和4年12月決算）に倍増させ、〝創薬ベンチャー〟のモデルナは令和元年12月通期決算の売上高6000万ドルを190億ドル（令和4年12月決算）と、なんと約300倍に急成長させた。

マイクロソフトもグーグルの親会社アルファベットも、コロナ禍前の売上高（1000〜2000億ドルの規模）が、コロナ禍後で売上高をいずれも1・5倍程度増大させており、その原因はテレワークの推進によるものである。このように、巨大製薬会社や巨大IT企業が〝ウイルス様様〟に富を蓄積させていく結果となったが、果たして偶然に生じたと言い切れるのであろうか。

我が国では第一回目の緊急事態宣言が出された令和2年4月に「Accelerator for Access to Covid-19」（新型コロナウイルスに対するアクセスを加速する取り組み）と題するイベントが開かれ、ワクチンの開発・製造支援について協議がなされた。その参加者は、テドロス（WHO事務局長）、マクロン（フランス大統領）、デア・ライエン（EU欧州委員会委員長）のほか、ビル＆メリンダ・ゲイツ財団、グローバル・ファンド（世界エイズ・結核・マラリア対策基金）、CEPI（感染症流行対策イノベーション連合）、GAVIアライアンス（ワクチン連合）などの団体で、いずれもコロナ禍前からワクチンを推進してきた団体である。

このうち、ゲイツ財団は、令和2年〜3年期にWHOに対して7億5000万ドルもの寄付（ドイツに次ぐ第2位）をしていた。同財団の主宰者はマイクロソフト創業者のビル・ゲイツであり、同財団からモデルナ、アストラゼネカ等の製薬会社に数百億円単位の投資をしてワクチン製造工場を建てさせている。その目的について、ビル・ゲイツはTED2010会議で「Innovating to zero!」との演題で講演した際、世界の人口が増加し続けて食糧危機に陥ることを避けるため、新ワクチンや生殖関連産業（筆者注：人工中絶を含む）により十分な成果を収めれば10～15％抑えることができるかもしれないと述べた。現に、ファイザーのワクチンに含まれている〝脂質ナノ粒子〟が体内から排出されずに女子の子宮に蓄積し不妊症となるリスクが指摘されている。

また、GAVIの令和2年～3年期のWHOへの寄付額は4億3000万ドルと第6位であり、我が国は令和2年までにGAVIに対して9500万ドルを拠出し、さらに令和3年6月には日本政府とGAVIの共催で「COVAX・ワクチンサミット」が開かれ、日本政府からCOVAX（途上国向けワクチン調達のための国際的枠組み）に8億ドルを拠出させられることとなった。しかも、令和3年6月17日付け公明新聞によると、ビル・ゲイツがこの8億ドルもの拠出をさせるのに功労のあった山口那津男・公明党代表に対して感謝状を贈っている。なお、創価学会・公明党は、松あきら元参院議員をはじめ、子宮頸がんワクチンを熱烈に推進してきた経緯があった。

さまざまな事実関係を羅列したが、コロナ禍初期の時点でワクチン推進の国際的な枠組みが完成しつつあり、はじめから〝ワクチン推進〟という世界的潮流が出来上がっていたのであり、その〝魑魅魍魎〟の中に我が国はほしいままに国費を供出させられてきた現実を直視しなければならない。

パンデミック条約が締結されるとどうなるか

令和5年のノーベル医学生理学賞に、mRNAワクチン（ファイザー、モデルナ）の基礎となった技術を開発したアメリカ・ペンシルベニア大学の二人の研究者が選出された。

従前の生ワクチンや不活化ワクチンは、鶏卵を使用してウイルスを培養するといった工程が必要であるため原液の製造までに1年以上かかるが、mRNAワクチンはこれを大幅に短縮でき、ワクチンの需要に応じて迅速に量産することができるようになった。

これに医学的なお墨付きを与えたのがノーベル医学生理学賞の授与であり、これによってワクチン推進勢力のさらなる攻勢が予想される。

その一つが「パンデミック条約」の締結である。令和5年5月、WHO事務局長のテドロスが、感染症への対応を強化するパンデミック条約を1年以内に締結できるよう各国に交渉を促した。その内容として想定されるのは、締結国の国民に対する〝ワクチン接種義務〟条項である。つまり、ワクチン推進勢力にとって、人工ウイルス作製、mRNAワクチン製造、そしてワクチン接種義務の合わせ技により〝マッチポンプ〟的にワクチンの需要も伸ばすことができる。今回の武漢ウイルスについても、平成20年にノーベル医学生理学賞を受賞したリュック・モンタニエ博士や、平成27年に同賞を受賞した大村智博士が、ともに人工ウイルスの可能性を指摘している。そうすると、今後のコロナウイルスは、生物兵器として製造されて拡散され意図的にパンデミックが引き起こされることが容易になっているということである。

ワクチン推進勢力は、パンデミック条約の締結国にワクチンを〝押し売り〟することが悲願であり、かつ、合法的に反ワクチン勢力を弾圧することができる。その法的根拠は、占領憲法（日本国憲法）98条2項に定める〝条約の無条件遵守義務〟であり、同条同項は、条約が占領憲法よりも優先的に適用されることを意味する。換言すれば、左翼勢力がいかに〝接種しない自由（人権）〟を声高に主張しても占領憲法よりもパンデミック条約が優先するため無意味だということである。

占領憲法は、アメリカが我が国を属国とするために制定され、その実質は有効な憲法とはいえず、我が国が講和独立を達成するためにアメリカとの間で締結した講和条約（帝国憲法13条）である（眞正護憲論）。我が国民を〝薬漬け〟にするパンデミック条約を阻止するには、改憲論・護憲論の前に〝占領憲法の効力論争〟にまでさかのぼった論争がなされなければならないのである。

国家社会主義者宣言③
日本的国家社会主義 国家論のススメ

奈良県御所市議会議員 杉本延博

国家社会主義の国家論 ②

今、国家社会主義思想が日本国家に何をもとめるのか？ それは真の日本国家の再興。つまり戦後体制の総克服であり、日本民族の名誉と誇りの回復だ。

大東亜戦後、GHQによる6年8か月にわたった戦後占領統治。その目的とは、日本民族の弱体化であった。憲法は押し付けられ、歴史、伝統、文化を、かき消されてきた。その結果、日本の善きものが喪失していく戦後78年間であった。

また食と農の分野でも、経済分野でも、軍事分野でも、あらゆる分野で、新自由主義、グローバリゼーションのもと、いらないものを押し付けられて（農作物やトマホーク等）、「ありがとうございます」と、何も言わず素直に、ぼったくり価格で買ってしまう情けない弱腰外交。民族の尊厳、国家の威厳は何処へやら、自主独立国家の気風がない。情けないことだ。

もういいかげん起ちあがって、戦後体制を粉砕しないと、日本が日本でなくなってしまう。そんな危機感を持って起ちあがる国民が少しずつではあるが、世に出てきているように思う。もっともっと鬨の声を挙げていかなければならない。

日本人の手で憲法をつくろう。日米安保を破棄して対等な同盟条約に改正しよう。米軍基地を本土からなくそう。自国の守りは日本人で守ろう。自主国防体制をつくろう。毅然とした外交をおこなっていこう。正しい国史を教えていこう。食と農の安全を確保しよう。自給自足体制をつくろう。自国経済産業体制を強固にしよう。等、政治、経済、教育、軍事すべての分野で抱えている「戦後体制病」を克服していこう。真の日本を再興していく戦線を強固なものにしていこう。我々日本民族の名誉と誇りを取り戻そう。日本の自主独立を構築しよう。すべては戦後体制の綜破壊から総建設がはじまるのだ。

「國家の前には資本主義及階級対立という極めて大な

る妨害物が横っておる。この妨害物を除去しない限りは、国家は最早一歩も前進することを得ない」（『国家社会主義原理』林癸未夫）

ここでいう妨害物とは、体制から生じる社会的矛盾のこと。戦前も現代も国内外において社会諸矛盾を抱えていたことは同じで、資本主義体制の弊害が原因であった。現代では、新自由主義の暴走が一つの障害物となっている。こうした諸問題を改善して、健全なる国家体制をつくるため、維新が必要だ。階級対立や利己主義の横溢を生み出す社会制度を変えていくため、どのような国家を構築すべきなのか？ そこで国家の基本思想が問われてくる。

「国家社会主義は政治原理を国家主義に求めると同時に経済原理を社会主義に求める。そして、その理念は全体主義哲学に立脚するのである。故に国家社会主義（国民社会主義）は個人主義と階級主義を否定する」（『民族の黙示録』大森謙一郎）

ここで明確な国家社会主義の国家観を定義している。なぜ個人主義及び階級主義を否定するのか？ それは、公益・公共優先の思想に反するからである。私的観念を基とした一部のもの（個人や階級）が利益を蒙るようではいけない。例えば資本主義のもとでは、持てる者と持たない者との階級対立をつくってしまう。持てる階級は裕福になるが、持たない階級は貧困に悩まされてしまう等、ブルジョワ階級優先（私益優先）体制の一面を持つ。マルクス社会主義も同じでプロレタリア階級の独裁という名の党の独裁官僚支配体制が生み出されてしまう（プロレタリア間の階級対立）。どちらにしても一つの階級に偏った体制になることはいうまでもない。

ここでいう社会主義とは、階級視点に立つのではなく、国家民族と「公」（公益）に視点をおくことなのである。公益・公共の「公」とは、民族が一つの家族のような一大家族国家という民族共同体（国家）だと考えていただきたい。国民全体の安寧と発展を実現していくことが国家の使命と役割なのである（公益・公共優先の論理）。

「吾々は独り政治生活のみならず、経済生活であれ、道徳生活であれ、思想生活であれ、感情生活であれ、即ち一切の生活の安寧と福祉とが国家に依存するのであって、国家は単なる政治的団体、又は法律的団体ではなくして、吾々の全生活の本拠であり、全生活の依って以てくる所の根拠である」（『**経済的全体主義として**

の国家社会主義理論』林癸未夫）

この引用では、国家社会主義的国家像の一端について説明している。国家とは一つの民族が集まり、政治、経済、教育、道徳、風俗、言語など共通をもとにして構成された共同体である。共同体のなかで総ての民族（国民）の安寧と発展を実現するため、様々な調整や取り組みを執り行っていくことが国家の役目であろう。例えば、経済学でいうと、古典派のように「神の見えざる手」として市場への国家介入を許さないのではなく、ケインズ経済学のように、国家が介入して財政、金融政策を展開して経済調整を行うように、国民の利益調整のため一定の国家介入が必要であろう。

国家は左派思想でよくいわれる「支配機関」ではなく「協同機関」であると考えている。国家は「全生活のすべての本拠」として、衣食住の確保、福祉の増進、経済発展、国土防衛等、各取り組みを行っていかなければならない。

国家社会主義の国家論 ③

「国家の本質は自由の制限であるということは、国家の本質は統制（支配）にあるということを消極的に言い現したものに外ならぬ」（『マルクス学解説』高畠素之）

「国家の本質は統制に在る。それは単に統制を旨とした一の組織若しくは一の機関にすぎない（略）国家は既に幾多の新たなる国民的大衆的理想のための統制に任じ得るものがあるが故に、斯かるものとして半永久手に存在し続けるであろう」（『マルクス社会主義より国家社会主義へ』石川準十郎）

以上、引用した文中に「統制」なる言葉がある。昭和初期の国家社会主義思想では「統制」に重きを置いていた。資本主義の弊害を正していくには、私利私欲の暴走、利己主義の跋扈を抑えるため、一定の自由の制限、統制が必要であった。

公益優先の社会を構築していくには、公益∨自由の方式が成立しないといけない。だからといって自由の抑圧ではない。公益・公共の福祉に反しない限り自由は認められるのである（自由の暴走を抑制するため一定の統制、制限は必要）。

戦後民主主義が定着した現代、はき違えた自由、我儘な自己中心的な考えを自由と考えている国民が存在していることも事実だ。これこそ「戦後体制病」の最たるものだといいたい。自由には責任が伴う。自由には義務が伴う。自由にも秩序がある。だから自分だけ何々の「今だけ金だけ自分だけ」的な自由は真の自由とはいえない（偽善的自由）。

もし現在に国家社会主義を唱えるとしたら、国家のもとにおける公益・公共優先は勿論であるが、自由と共同の調和というか、国家のもとにおける自由をどのように位置づけていけばよいのか？　戦前と違い自由の認識度が変わった。時代と現実に応じた国家社会主義思想のもとにおける自由とはどのようなものなのか？　国家のなかでの自己実現とは？　基本原理にぶれることなく忠実に思索していくべき、一つの思想的課題だと考えている。

次に国家社会主義の理想的政治論について一つの例題を引用する。

「**日本の国体は、そんな同胞を搾取するためにオサエルようなマツリゴトを行ってはならぬ国体だ。そして全ての同胞をへだてなく神の赤子としてアガメル政治でなければならない**」（『**君民一如搾取なきタカマノハラを展開せよ**』**西光万吉**）

一部の権力者が国民をオサエル（抑える）政治であってはならない。国民を対等、公平にオサメル（治める）政治であるべきことは日本的国家社会主義政治にとって基本要諦である。

ナチスドイツは指導者国家、イタリアファシズムは協同体国家であった。日本においては、一君万民、君民共治の家族的民族共同体が理想的国家像である。日本的国家社会主義国家論は、この原理に基づき国民をオサエルことなき思想を構築していかなければならない。

何度も言うように、国家は国民の安寧と発展のため、様々な取り組み（自助、公助、共助）を執行しなければならない。民の間では、協働作業をしたり、災害や飢饉があれば備蓄から救恤援助したり等の相互扶助、互助互譲の助け合い、支え合いが共同体、郷村のなかで執り行われてきた伝統精神があった。この実践を国家レベルに引き上げて思想構築していくことも、現代に応じた国家社会主義的思想を思索していくうえで一つの課題になるであろう。

高畠素之は性悪説に基づき議会制民主主義を信用していなかった。民主主義は個人主義（多元）的国家論である。当然、一元的国家論の国家社会主義思想とは合わないのである。ここで新しい国家社会主義思想の一つとして提案したいのが「社稷連合国家」案である。

高山彦九郎伝 ❸

岩倉具選卿と高山彦九郎 勤皇家の和歌

歴史学者　倉橋　昇

はじめに

高山彦九郎を語る時、彼との交誼を語らぬ訳にはいかぬ人物が二人いる。岩倉具選《ともかず》卿と白木屋の主人・大村彦太郎商全である。商全は彦九郎を経済面で支え、一方、具選は政治活動の面において支え続けた人物だ。この岩倉家を後世継ぐことになるのが明治維新の功臣・岩倉具視であるが、岩倉家十四代の具視、十三代の具慶、十二代の具賢、そして九代の具選自身も養子であることから、具選と具視に血のつながりはない。だが、具選の勤皇の心が具視にしっかりと受け継がれたことは疑うべくもない。

因みに、具選の実父である権大納言・柳原光綱の五代後の子孫である柳原愛子《なるこ》は明治天皇の側室となり大正天皇を産んだ。岩倉家も柳原家も皇室をお護りしてきた功績は大きなものがあった。また、柳原光綱は実父が冷泉為綱であり、歌道に通じていたこともあってか、具選にもその才は受け継がれた。

つまり、岩倉具選と高山彦九郎は不動の勤皇心のみならず、風雅なる歌心を持つことでも心が通じていた。大きな身分の差はあれど勤皇の同志となったことに何の不思議もなかった。具選は詩歌書画篆刻管弦などの道に堪能で、その技を以て広く人士と交わり同志を探し求めていたという。そうして出会ったのが彦九郎であった。

彦九郎は具選のところへ出入りするようになり、必然、御所の近辺を行き来することになる。三条大橋を渡る際には必ず皇居に向かい跪坐礼拝する彦九郎が、御所を前にして素通りすることなどあるはずもなく、宮門を通り過ぎ折は必ず地上にて跪座礼拝することを常としていた。そのような真っ直ぐな心を持つ彦九郎は、岩倉家の人々から大いに愛されることとなる。

本稿では、彦九郎と具選が詠み交わした歌を中心に、二人の交誼について述べていきたい。

王朝の風雅の詠み振り

天明三年三月の彦九郎の日記には、具選が嵐山に遊んだ際の歌五首が記されている。

嵐山まだほどとをきこなたより
　まづみへそむる花のしら雪
この頃の雨を風とのあらし山
　ともおもはれず花ぞ咲きそふ
船のうちによそほふ春のたを
　やめはきしねの花に色やあらそふ
ゑがくともたぐひあらしの山桜
　花の木の間に夕月のかげ
　　渡月橋をわたりてよめる
はしの名を月かげ待ちてよるもなを
　きしねの花のさかりをば見ん

これらの歌は、まさしく王朝の風雅の詠み振りである。なるほど、冷泉家の歌道の流れを汲む詠み振りだと言えよう。前号で述べたように、彦九郎の歌も王朝の風雅を慕う詠み振りであるから、この二人の風流士の交誼は勤皇家の本来あるべき姿を見ているようであり、これもまた明治維新の源流の一つであると思われてならない。

同じ日の日記の中で、彦九郎は具選ら公家たちが狂歌を詠むことを嗜めたと、次のように述べている。

予言ひけるは、狂歌は公家には致さるまじき事なり、人品貴く思はれず、公卿には和歌を、第一の心懸け玉ふ事、和邦の風にして当れる事也、狂歌はたとへ天下に、もてはやさるる程の妙ありと云ふとも、たわれたる人と思はれて、卑やしといへば、少将殿（具選）も、しかりとありける。

具選が彦九郎の述べたことを尤もだと受け入れたということは、そこには身分を越えた志士同士としての心の結びつきがあったからである。お互いが認め合っていなくては、公卿と郷士の間でこのようなやり取りは成立しないだろう。同年四月十九日の彦九郎に日記には、具選が彦九郎に茶菓を供し、詩歌の道を二人で談じ、その後酒を飲み交わしたことが記されているが、その後、彦九郎の日記にはこのような二人の交流が増えてくることになる。

姉歯の松

翌年、寛政三年正月二日の彦九郎の日記には、下御霊神社を参拝し、岩倉家へ玩物を進《まい》らせたことが記されている。旅中諸国の学生が送ってきた詩歌もあった。それらの中に奥州姉歯の松があったので具選は、次の一首を詠んだという。

栗原の姉歯の松の一枝は都のつとに君や折るらし

これに彦九郎は次のような返歌を詠んだ。

折つれば都のつとゝなりにける

言の葉嬉し君に折られて

「姉歯の松」というのは、現在の宮城県栗原市にある歌枕であり、伊勢物語の第十四段にある、

栗原の姉歯は松の人ならば

都のつとにいざといはましを

という、在原業平が詠んだとされる歌が特に有名である。この歌の歌意は、「栗原の姉歯の松のような人ならば都へ行こうと言いたいが、あなたは連れて行けない」というものである。この地を訪れた男が現地の女と別れる際に詠んだが、姉歯の松というのが素晴らしい女性の謂わば代名詞となっている。これは姉歯の松の謂れに理由がある。その謂れの中で最も有名なものは、東下りの在原業平が姉歯という、みちのくに住む小野小町の妹を訪ねたところ、既に亡くなっており墓に松の木が植えられていたのでこれを姉歯の松と呼び始めたという説だ。

また、別の謂れは、伊沢の水神の人身御供として陸奥国に来た松浦佐用姫の後を追い、やってきた姉が亡くなったので、佐用姫が墓を築いてそこに松を植えたとされる。姉歯は姉墓が訛ったともされる。

もう一つの謂れは、用明天皇の頃、高田（現在の陸前高田）に住む長者の娘・朝日姫が朝廷に仕える采女に選ばれたが、「姉歯の松」の地まで来て病没してしまい、それを聞いた妹の夕日姫は、采女として都に上ることにし、姉が亡くなった地まで来ると、その墓の上に松の木を植えて都へ向かったというものだ。

どの伝承にも悲運の女性が登場し、その女性たちが哀れを誘う美しさを持っている。また、常に緑をたたえる松という木には古来霊力が備わっていると考えられており、それに「待つ」という願いもかけて、大切な人の墓に松が植えられたものであろう。このような情《こころ》が王朝の風雅とそれをシンボル化した歌枕には欠かせない要素となる。当然、当時の歌詠みにとっては、姉歯の松は誰もが知っている歌枕であり、具選と彦九郎の歌もその歌枕

が備えた霊力を借りなければ成立しないものである。伊勢物語十四段の歌から始まった姉歯の松の世界観は、日本人の心の中にかくも広がっていたのである。日本の精神というのは、何も難しい理屈や思想によって育まれるものではなく、このような風雅の心によって涵養されるものである。

梅の花

寛政三年正月十四日の彦九郎の日記には、その月の二十四日に催される歌会始のために具選が詠んだ歌が記されている。題は「禁中佳趣」であった。

梅つぼの花の光も殿つくり玉のかきそふ春を見すらし

具選は謹んでこれを詠んだのだが、彦九郎は、歌会始に出す歌を許しなく披露するのはいけないと言ったという。これに具選は謹めばよいことだと応じたので、彦九郎も「恐れみ畏れみ、敬ひ慎み」て次の歌を詠んだという。

春来れば御はしの櫻橘と竹も生ひそふことのうれしさ

「御はしの櫻橘」とは紫宸殿の南の階の左右に植えられている左近の櫻、右近の橘のことであり、これに彦九郎は正月門松の竹を加えたものと思われる。確かに、正月の明るくめでたい歌となっている。また、彦九郎、翌日には次の歌も具選に披露している。

梅つぼの花も咲くらん今年より千代萬代の春を重ねて

前日の具選の歌に「殿つくり」とあるので、「梅つぼ」の建物を建て替えるかしたのであろう。それが完成し新しい春（新年）を迎えたので、これを寿ぎ、千代、萬代とこれが続くことを願った歌である。一見、平易な歌に見えるが、心深き歌である。

同年二月八日の日記には、具選が仙洞御所の宿直から朝帰ってくる際に、仙洞御所玉階の下に咲く梅の花を二枝、彦九郎の為に折ってきてくれたことが記されている。彦九郎はその時の心持ちを次のように記している。「予恐れみ謹みて、歌一首を読みて奉書紙に書し、謹みて梅枝を包みて、岩倉殿の前に出しける」。その歌は、

かしこしな匂も高き梅の花
　いやしき民にかかるめぐみは

というもので、あくまで畏れ多過ぎて、その梅花を我が物にすることはできないという立場を崩さないのである。これを見て具選も、歌と花を預かったという。この二人の行動はまさに風雅を弁えているものの行いである。

岩倉家との交誼

この他にも多くの風雅な歌を二人は詠んでいる。いくつか紹介しよう。

寛政三年三月三日の彦九郎の日記には、上巳（桃の節句）に雪を見て具選が詠んだ歌が記されている。

めずらしき雪にえならぬ色ぞわく
　柳のみどり桃のくれなゐ

これに彦九郎は次のような返歌を詠んだ。

雪や花はなや雪とぞ詠めつる
　えならぬ今朝の色ぞ珍らし

三月十六日の日記には、具選と彦九郎が嵐山に遊んだ際の歌が記されている。具選は次のような、王朝風の歌を詠んだ。

櫻さく嵐の山の麓川花のかげ行く波もかすみて

彦九郎の歌は次のようなものだ。

山は皆花にぞ見えける珍らしの
　言の葉さへも出ぬ計りに

春の嵐山で遊び慣れている具選と、嵐山の桜のスケールの大きさに圧倒されている彦九郎の対照的な様子が眼に浮かぶようで微笑ましい。

三月十八日の日記には、吉野山の桜の花を見ようとしたが、頃を少し遅れてしまった彦九郎へ具選が詠んで遣わした歌が記されている。

咲花の時過ぎぬれば尋ぬとも
　吉野の山の甲斐やなからん

これに対し、彦九郎は次のような歌を返した。

かひなしと君がおしへの言の葉を
　吉野の花も我は見てまし

具選にとってこのような歌をやり取りできる彦九郎は特別な存在であったに違いなく、そうでなければ自邸に滞在させ、娘・道子の歌道上達のために彦九郎を交えた歌会をすることなどなかったであろう。彦九郎はいつしか岩倉家にとって、なくてはならない存在になっていたのである。

寛政三年六月十三日の彦九郎の日記には、そのような会で歌を詠むように頼まれたことが記されている。彦九郎が詠んだのは次の二首である。題は立春であった。

起いでて見れば流れもうらうらと
　氷の下に春や立つらむ

佐保姫の霞の衣たちそめて

　春を緑の四方の山まゆ

この二首はまさに王朝の風雅の詠みぶりでしかも秀歌である。優美な言葉の中に、風雅の情景がはっきりと浮かび上がってくる。特に、春を司る女神である佐保姫を詠んだ歌は、後鳥羽院の詠まれた名歌「佐保姫の霞の衣ぬきをうすみ花の錦をたちやかさねむ」を本歌としており、その精神を受け継いだ丈高い詠みぶりである。

因みに、同席した岩倉家妾と道子の歌はそれぞれ次の通りである。

あら玉の春の日かげを詠《ながむ》れば庭の草木も長閑なるらん

はるくればのどけさ見せて出づる日の
　かげもゆたかに霞む山のは

また六月十八日は、蟬の題で彦九郎は次の二首を詠んでいる。

夕立のはれ行跡になく蟬の聲も涼しき夏のやまかげ

梢より落くるものは夕立のはれ間にきおふ蟬の諸聲

七月六日には立秋七夕という題で、彦九郎と具選はそれぞれ次のように詠んでいる。

七夕の契りは今日ぞ立秋の桐の一葉を船にかさまし

天の川今日より秋と夕風の一葉を星の船にかさまし

このように岩倉家と彦九郎は和歌を通じて深く交わっていたため、同年七月下旬に彦九郎が再び旅に出る際は、具選のみならず、夫人、道子、側室が餞別として和歌を送ったという。彦九郎は七月十八日の日記に道子の和歌を記している。

此宿にいく日なれにしたび人や
　今日の別れのさしもうからん

結び

今回は、岩倉具選卿と高山彦九郎の交誼を和歌のやり取りを通して見てきた。二人の詠んだ歌を見れば、どれだけ心が通い合っていたかがよく分かる。そこに説明は不要である。歌に心が表れるからである。そして、二人のどの歌をとってみても風雅の詠み振りなのである。古来、神代から受け継ぐ王朝の風雅の伝統を二人とも受け継いでいるのである。学問や思想というものが、彦九郎や具選の勤皇家としての方向性を与えたかもしれないが、その原動力の源泉というのは優美で風雅な心、つまり和歌にこそあったというのが筆者の結論である。さて、皆さんはどうお感じになっただろうか。

尊皇愛国の経営　第十四回
大相撲で日本人の横綱を作りたい。

㈱フローラ 会長　川瀬善業《かわせよしなり》

モンゴル人力士は何故強いのか？

モンゴルは、日本の大相撲と関わりが深い国です。旭鷲山に始まり、朝青龍、白鵬、日馬富士、鶴竜、そして現在の横綱の照ノ富士、大関の霧島、豊昇龍など、モンゴル出身の力士が活躍しています。

モンゴルの国土は日本の四倍の面積ですが、人口は約三百四十五万人しかいません。その内、首都のウランバートルに人口の半分の約百六十九万人が住んでいます。

中華人民共和国の内モンゴル自治区にも約四百万人のモンゴル人が住んでいます。

一千万人にも満たないモンゴル民族ですが、日本の相撲界に幕内力士を多く輩出しています。これは何故なのか？　以前から不思議に思っていました。

モンゴルには、「ブフ」という伝統的なモンゴル式の相撲があります。

毎年七月十一日から十三日まで、年に一回行われる民族の祭典の「ナーダム」が行われ、ブフ、騎馬、弓の競技が行われます。

内モンゴル自治区から日本の大相撲にスカウトされ、活躍した力士に蒼国来《そうこくらい》がいます。彼は平成十五年の九月場所で初土俵を踏み、活躍しました。

現在は第九代の荒汐《あらしお》親方となっています。彼が率いる荒汐部屋には現関脇の若元春《わかもとはる》、その弟の若隆景《わかたかかげ》等、有望な力士がいます。

外国の出身でも、日本の伝統に敬意を払い、親方になって日本人の力士を育てようとする姿勢は素晴らしいと思います。私は親交がある鳴戸親方（元大関の琴欧洲）も、ブルガリアの出身で、多くの有望な力士を育てています。

以前、千葉県の日大柏高校がモンゴルでスカウトを行い、十五人を面接しました。その結果、三人が選ばれて、レスリングや相撲などのスポーツ選手候補として来日する事になりました。

その中の一人が、現在の大関の豊昇龍《ほうしょうりゅう》です。元旭豊《あさひゆたか》の立浪親方が率いる立浪部屋に入門し、平成三十年の一月場所で初土俵を踏み、今年の令和五年の名古屋場所で、見事に優勝しています。彼は元横綱の朝青龍の甥っ子でもあります。

この豊昇龍と一緒に来日した一人が、鳴戸部屋所属力士の欧勝馬《おうしょうま》です。令和三年の五月場所前に入門し、鳴戸親方の力士の時の名前の「琴欧洲勝紀」から「欧」と「勝」の字を貰い、さらに実家で馬を多く飼っていた事から、「欧勝馬」との四股名が生まれました。令和四年の五月場所で幕下優勝し、十両に昇進しました。鳴戸部屋初の十両力士の誕生となりました。

相撲以外にも、日本人はモンゴルとは様々な縁があります。

令和五年の七月三日に、モンゴルの首相のオヨーンエルデネさんに、秋田犬保存会の遠藤敬会長が秋田犬を寄贈しています。私はこれを、秋田犬保存会の月刊誌を読んで知りました。

遠藤敬さんは、日本維新の会の衆議院議員ですが、秋田犬保存会の会長でもあります。その娘婿の永井正哉さんが、令和五年の八月二十三日に㈱フローラを訪問しました。秋田犬保存会の三岐（三重県・岐阜県）支部長の今井深士さんの紹介で来社しました。

私が、「モンゴルの首相への秋田犬の贈呈の話を、秋田犬保存会の月刊誌で見ました」と言ったら、永井さんは、遠藤敬さんとの関係を話してくれました。

永井さんは遠藤敬さんの秘書であり娘婿で、将来は自分の会社である㈱ＣＡＢを上場させると話していました。

世界最大の帝国を建国したチンギス・カンのモンゴル帝国

戦前に大陸へ雄飛した馬賊の一人に、小日向白朗《こひなたはくろう》という日本人がいます。二十歳の時にモンゴルのウランバートルに渡った小日向は、その途上で馬賊に襲われて捕虜となり、命と引き換えに、自分も馬賊の下働きになりました。

彼はその後、様々な戦いで頭角を現し、支那大陸とモンゴル全土の馬賊の頭領になりました。そして戦後は、池田勇人内閣の情報機関の顧問を務めました。

「蒙古放浪歌」の歌にある様に、戦前はモンゴルへ行く日本人が多くいたのではないでしょうか？

そして、モンゴルと言えば「元寇」です。鎌倉時代後半、モンゴル（元）は属国の高麗と共に日本へ二度にわたって侵攻しました。

対馬と壱岐が占領され、九州の北部にも元と高麗の船団が来襲しました。幸い、「神風」と呼ばれる台風により、元と高麗の船団は大きな被害を受け、撤退を余儀なくされました。

モンゴルの歴史に関しては、百田尚樹さんが『週刊新潮』で、小説「モンゴル人の物語」を連載しており、現在はチンギス・カンの建国当初の話が書かれています。「モンゴル人の物語」は、「モンゴル秘史」、「集史」、「聖武親征録」等の歴史書をベースに書かれています。

モンゴルは、東アジアからヨーロッパ、南アジア、中東まで領土を広げて、世界最大の「大帝国」となっていました。それはチンギス・カンが建国した国であり、その息子らに征服した土地を分け与えました。

その結果、生まれたのがキプチャク・ハン国（別名ジョチ・ウルス　ウルスはモンゴル語で「国」の意味）、チャガタイ・ハン国（チャガタイ・ウルス）、イル・ハン国（フレグ・ウルス）、そして元でした。

「モンゴル帝国」と言っても、実質は四つの国で構成される、緩やかな連合体だったのです。

日本侵攻を命じたフビライ・カンはチンギス・カンの孫に当たり、大都（現在の北京）を首都にした、支那大陸とモンゴルを領土にしていました。

元は一三六八年に、明の攻撃によって滅亡しますが、それ以外の三つの国は残り、ティムール帝国やムガール帝国等が後継の国になりました。

中東アジア、トルコ、イラン、アフガニスタン等には、今でもモンゴル人と同じ血を受け継いだ人々が住んでいます。世界史的に大きな影響を与えたのがモンゴルですが、現在では人口が三百四十五万人しかいない小国となっています。

何故、この様な小さな国が世界最大の帝国を築く事ができたのでしょうか？

川瀬善業、モンゴル遊牧民の生活を体験する

日本人の力士を応援している私ですが、改めてモンゴル勢力士の力の源泉を探り、日本人の力士を強くする事ができないのか？と考えました。また、今後の㈱フローラの事業に得るものがあるかも？しれないと思い、令和五年の夏にモンゴルへ行く事にしました。

令和五年の八月十二日（土）から十六日（水）までのモンゴルの旅へ、関西空港を出発しました。

そして、八月十三日（日）に、ヂンギス・カンの騎馬像を見学しました。モンゴルの人々にとって、世界最大の大帝国を築いたヂンギス・カンは英雄であり、民族の誇りになっているのだと実感しました。

令和５年の８月に、モンゴルの巨大なヂンギス・カンの騎馬像を見学しました。

そして、遊牧民の生活が体験できるテレルジ国立公園を訪れました。ここでは、「ゲル」と呼ばれる遊牧民の移動式住居を見学し、私もゲルの中に入って、遊牧民が飲む馬乳酒を飲ませて貰ったりしました。

そして、八月十三日の夜は旅行者用のゲルの中に泊まりました。一つのゲルの中で、たった一人でモンゴルの夜を過ごしました。

翌日の八月十四日（月）は朝の五時に起床し、ゲルの近くに設置されているシャワー施設でシャワーを浴びました。

この日の昼食には、モンゴルの大きな揚げ餃子を食べました。

相撲が取り持つ日本とモンゴルの友情

八月十四日にウランバートルに戻り、市内にあるチンギス・カン博物館を見学し、その後は、社会主義時代に建設された元国営デパートのノミンデパートで買い物をしました。

令和５年の８月に、モンゴルのウランバートル駅から１時間ほど、電車で大草原の中を旅しました。

八月十五日（火）には、ウランバートル駅から列車に乗り、一時間程、列車の旅を体験しました。車窓には雄大な草原が広がっており、モンゴルの光景を満喫しました。

モンゴルの標高は千メートルから千五百メートルあり、まさに草原の国で、外国の人はモンゴルのイメージを「草原」だと思っています。

モンゴルを訪れる海外の旅行者は、「地平線まで続く草原」に憧れて、モンゴルを好きになるようですが、モンゴルの女性のガイドさん曰く、モンゴルの人は「きらきらとしたものが好き」だとの事です。

イタリアのヴェネチアの商人だったマルコ・ポーロは、元を訪れ、フビライ・カンの下で十七年仕えました。マルコ・ポーロはイタリアに帰国後、『東方見聞録』を執筆し、日本を「黄金の国ジパング」と書いて紹介しました。

八月十五日午後には、郊外にあるホスタイ国立公園を小型バスで見学しました。ここは野生の馬の保護と研究をしている国立公園です。

私はその中で、幻の馬とされている「タヒ」を探しました。タヒはモンゴル馬の原種であり、シマウマを祖先に持つとされる馬ですが、一時は絶滅したと言われていました。

幸い、海外で飼われていたタヒを逆輸入して繁殖に成功しました。現在は、五百頭近くがホスタイ国立公園内で生息しているそうですが、残念ながら、タヒを見つけられませんでした。

八月十五日の夜は、夕食に「モンゴル風しゃぶしゃぶ」を堪能しました。

ウランバートル市内には、元大相撲力士の旭鷲山が作った「旭鷲山タワー」がありました。旭鷲山は引退後、実業家として成功し、モンゴルで国会議員も務めていました。

元横綱の朝青龍も、日本で成功した後、モンゴルでの「第二の人生」でも成功しています。朝青龍は、北海道産のソバの種をモンゴルに輸入して、二十万ヘクタールの土地を購入し、そこでソバを育てています。

朝青龍は日本でソバを食べて、ソバを好きになり、日本産のソバをモンゴルで育てて、「日本とモンゴルの架け橋」になりたいと言っています。

モンゴルの旅は八月十六日（水）に、ウランバートル空港から飛行機で関西空港に戻り、無事に帰宅して終了しました。厳しい自然と一緒に暮らしているモンゴル人の強さが、改めて分かりました。

しかし、やはり日本の大相撲で、日本人の力士に活躍して欲しいと願っています。私は、鳴戸部屋の日本人の若手力士で三重県鈴鹿市出身の川村《かわむら》君に期待しています。将来、十両に昇進したら、㈱フローラから彼に化粧まわしを贈り、彼に相応しい四股名をつけようと、鳴戸親方と相談しています。

稀勢の里が平成三十一年一月に引退して以降は、日本人の横綱が再びいなくなっています。モンゴル人力士の活躍も素晴らしいのですが、やはり、日本の大相撲では日本人が活躍して欲しいと、相撲大国のモンゴルを見て、私は改めてそう感じました。

勿論、日本とモンゴルはこれからも友好関係を保つべきです。良きライバルとして、互いを尊敬し合い、それぞれが自らを鍛えて、それぞれが、さらに強くなるべきでしょう。

令和五年の大相撲の九月場所で、優勝決定戦をした貴景勝《たかけいしょう》と熱海富士には、ともに横綱になってほしいと思います。元横綱の稀勢の里の二所ノ関親方が育てる大の里にも横綱になってもらいたいと思っています。

くにおもふうたびと　第三回

橘曙覧　下

歌人　玉川可奈子

黒木少佐とのつながり

橘曙覧先生が、戊辰戦争に赴く小木捨九郎といふ人に与へたお歌に次のやうなものがあります。

大皇の　醜の御楯と　いふ物は　如此る物ぞと
進め真前に

（天皇の醜の御楯といふものは、このやうなものだぞと示して真つ先に進むのだ）

なんとも勇ましく、そして猛々しいお歌でせう。「大皇の醜の御楯…」はいふまでもなく、『万葉集』防人歌に出典があります。

このお歌は、平泉澄先生が、回天を開発した黒木博司少佐に自ら短冊に揮毫され与へられたことでも知られてゐます。

ところで、黒木少佐も自らを慕楠と号されたやうに、楠木正成公を尊敬し、かくありたいと願はれました。幕末の志士にとつて、私どもが先哲と仰ぐ人たちにとつて、楠木正成公は鑑のやうな方でした。橘曙覧先生のやうに、世を捨てたやうな人にとつても、

嗚呼といひて　涙ぞながす　みなと河　御墓の文字は　解きえざる子も

（嗚呼と感嘆して、涙を流す。湊川の徳川光圀公が建ててくださつた御墓の文字のわからない子も）

と歌はれ、尊敬されたのでした。

曙覧先生のこころ

橘曙覧先生は、足羽山に隠棲されてから、世に出ることはありませんでした。中根雪江から仕官を薦められても、それを断りました。私の推測ですが、尊皇の心はもちろん、歌を解する大和心をもたない世の人や武士たちを嫌つたのではないでせうか。事実、曙覧先

生には次のお歌が伝はつてゐます。

友無きは　さびしかりけり　然りとて　心うちあはぬ　友もほしなし

（友達がゐないのは寂しいものである。しかし、心の合はない友達も欲しくはない）

私には先生のお気持ちがわかる気がします。同じ心、すなはち天子様を貴び、和歌を楽しむ心。物欲よりも精神的な満足を求める。さういふ人と先生は「友」になりたかつたのでせう。さうではない人と同座することは、先生にとつてストレスでしかなかつたのではないでせうか。口には「尊皇」だ「大和魂」だと言つてゐる人がゐたとしても。心のない人はもちろん、格好だけの人間も先生の「友」足り得なかつたのでせう。

このやうな曙覧先生でしたが、先生はわが国の根本を誤ることはありませんでした。次のお歌からその事実がわかります。

天皇に　身もたな知らず　真心を　つくしまつるが　吾が国の道

（天皇陛下に自らのことを考へずに真心を込めて尽くすのがわが国の道である）

君と臣　品さだまりて　動かざる　神国といふことをまづ知れ

（わが国は、君臣の関係は天地開闢から定まつて動かない神の国であるといふ事実を、まづは理解しなさい）

また人に対しては、

世の中の　憂きに我が身を　先だてて　君と民とに　まめ心あれ

（世の中の憂ひを己の身に引き受けて、君主と民に対して心を尽くして仕へなさい）

と示し、諭されたのでした。

これらのお歌を拝誦するにつけて思ふのは、「神国といふ事」を忘れ、「君と民にまめ心」のなくなつた人たちのことです。自らの組織の利益のみ追求し、国家の安寧と、国民が報はれることを顧みない一部の人間による横暴を私は許すことができません。

私は、曙覧先生のこれらのお歌に触れるたびに、わが国の本質を顧み、生業に励み、本当の友とは何か、考へさせられるのです。

日本文明解明の鍵〈特攻〉⑤
日本異質論と奇跡の国日本論をこえて

歌人・評論家　屋　繁男

3、日本語における日本文明の特質
①日本人のわたしとは何か
②おはようという挨拶
③さようならという挨拶
④日本語と印欧語の差異　―神の視点と虫の視点―
⑤日本語と印欧語における主語述語関係の違いとその文明論的差異
4、日本文明の独自性に宿る普遍性
①日本人における他者や自然との関係性
A　万葉歌における他者や自然との関係
B　茶の湯における日本人の思想と倫理
②大勢順応主義の両面性
③日本異質論と奇跡の国日本論をこえて

⑤ 日本語と印欧語における主語述語関係の違いとその文明論的差異

日本人には、まずいろんな経験があってから主体（主語）が形成されると考えるのが普通である。つまり「私」が経験するのではなく、「経験」が「私」を作り出すと考えるのである。例えば吉野の桜に感動した時、その山の斜面から迫ってくる美しさに我（主体、主語）を忘れたなどとよく言う。しかし確たる「我」があって「我」の意識をなくすほどの経験をしたのではないのである。逆なのである。感動の体験をした時に「我」ができたのである。語弊を恐れずに言えば、吉野の桜に感動するような「我」にあたる部分は元々空っぽだったのである。このような経験を積むことによって「我」

は充実してゆき、より完成された「我」になっていくと思うものである。日本人ならこのように考えていくのは普通のことである。

しかし、印欧語に基礎を置く、欧米人はこのような発想を有しない。それは言語の構造が違うからである。それを以下に述べてみよう。まず、印欧語は主語（主体、我）、述語（事物）という二元論的な存在把握の仕方をする。そのため主語として措定される主体(我)は述語として事物から切り離されても、それ自体で独立して存在しうると考えられている。例えば先ほどの例から考えると、主体は吉野の桜によりとてつもない感動をしたのであるが、この印欧語の今述べた命題からすると、このような感動経験よりも先に主体（主語）が厳として存在しているところとなる。つまりこのような経験があろうがなかろうが、それにより我（主体）ができるなんてことは論外である。

なぜこのようなことになるのであろうか？先ほどの吉野の桜という自然に対する人間の感動はその自然に直接に接しているのに対し、一神教支配下の西欧等においては、神の存在と眼を介していわば間接的に接しているのである。いわばそこに距離があるのである。

これに対し八百万の神を要する日本においては、逆に人とそれらの神々との関係は自然を経由することによって直接的なものとなっているのである。

紀伊の国の雑賀の浦に出で見れば海人の燈火波の間ゆ見ゆ（巻七、一一九四）

礒に立ち　沖辺を見れば、海藻刈り舟海人漕ぎ出らし鴨翔る見ゆ（巻七、一二二七）

天離る　鄙の長道ゆ恋ひ来れば　明石の門より大和島見ゆ（巻三、二五五）

以上の万葉歌を参考に日本人の主体（自己）と客体（自然）の関係を論じてみようと思う。すなわち「見れば―見ゆ」と詠じる万葉人は、元来は神（ただし多神教）の視点・まなざしである「見れば」を自分で詠む時、自分とはそれまで無関係にあった自然が自らの前にその姿をあらわし現前させ、その結果、それを見る、つまり「見ゆ」ことができるようになると考えていたものと思われる。

ただしこの場合西欧的な主語・述語に基づいた主客分離の認識とはおよそ違った認識作用に基づいているはずである。即ち自己（詠者）が「見ゆ」自然を自己の内部に取り込んで、自己（詠者）の人格的要素の一つとさせるといえるであろう。つまり自己（詠者）と自然との相即的な、もっと言えば主客合一的な認識地平にあるものと言ってよいであろう。ただし相即的ないしは主客合一的であるから自己（詠者）の方も自然の要素の一つとなっていなければならないはずである。そして日本人は現代もなお、西欧的な認識方法を駆使しながらもなお最後のところで、万葉以来のこのような認識方法を手放してはいないのである。

古来、日本人が自然の中に支えを得て、それらを親しみ、その中に幸せに安住しているという独特な文明を持ち続けているのはこのような文脈によるのである。

巻七、一二二七の一首と巻七、一一九四の一首は「見れば」と「見ゆ」が型通り使われている。先程論じた通りである。それに対し巻三、二五五の有名な人麻呂の一首は「見れば」が特になく「見ゆ」のみである。状況から言って明石海峡を東進すれば大和島根つまり生駒山が見えるわけである。つまり「見れば」という必要もない風景だったのだと言ってよいであろう。つまり「見ゆ」の中に記紀の時代ほどではないがなお呪力は存在しており、古代日本人は心の安定と安らぎを得る方法を和歌という手段で作り出しているのであり、今も我々日本人はその恩恵に浴していると言ってよいであろう。

4、日本文明の独自性に宿る普遍性

① 日本人における他者や自然との関係性

A 万葉歌における他者や自然との関係

万葉人において、自己と他者ないし自然との関係でどちらを取るかの究極の選択を行う場合、後者つまり他者ないし自然を取る。この場合の、後者の自然とは、例えば歌に詠んで他者と共有した自然（風景）であり、それが霊的ないし神秘的意味を得るからである。

自己（我）と他者（汝）共に自然に対峙することによりその自然や風景は自己と他者の精神的絆となり、そこで初めて自然の意味を把握するところとなる。そして、自己も他者もこのような紐帯としての自然との交流のうちに、自己が在る、ないしは在り続けること自体を保証される。つまり、「自己—自然—他者」という関係が定位されることによって、自己も、他者も、そして自然も、その在るべきところを得るというのが万葉人の生涯の環境といえよう。

この自己、他者、自然の三者関係の位置付けをさらに述べるとすると以下のようになる。すなわち万葉人は、自己と他者とが生存の基盤としている人間的世界のただ中に自然を呼び込みその意味を与えている。

したがってよく言われるところの万葉人（場合によっては現日本人も）の精神と自然との一体化志向というものは人間の精神が自然の懐に抱かれて安住することを直接自然に求めるものではない。つまりこの一体化志向はあくまでも自己、人間の側から能動的に自然を意味づけていくことによって成しとげられた文明論的成果だと言ってもよいであろう。

このことを逆に自然の側からみれば自己と自己にとって代替不可能な他者との間のかけがえのない関係が、自然において、あるいは、自然を地平として確立されている状態だと言えよう。

西欧人のように一応は確固とした人格主体である自己が直接に自然と向き合うのではないのである。この点に関して言えば、今も日本人はそれほど変わっていないと言えよう。

戦前の智恵子抄により、安達太良山によよせて詠まれた詩を持ち出すべくもなく、日本人はなお山に対する信仰を失ってはいない。幼くして父母、兄弟と見た山はそれだけで信ずるべきものなのである。

石川啄木の歌「ふるさとの山に向ひて言ふことなしふるさとの山はありがたきかな」は言うまでもない。


この項の最後に主体が自然を絆として楽観的にとらえている和歌と、逆に主体が他者を失ったために絆としての自然をとらえかねている、ないしは悲観的にとらえている和歌を万葉集の中に求めてみよう。

まず、楽観的指向の万葉歌
玉津島礒の浦廻の真砂にもにほひて行かな妹も触れけむ（巻九、一七九九、人麻呂歌集）
我が袖に降りつる雪も流れ行きて妹が手本にい行き触れぬか（巻十、二三二〇）
信濃なる千曲の川のさざれ石も君し踏みてば玉と拾はん（巻十四、三四〇〇）

次に悲観的指向の万葉歌
磯の上に生ふる馬酔木を手折らめど見すべき君がありと言わなくに（巻二、一六六、大伯皇女）
妹と来し敏馬の崎を帰るさに独りし見れば涙ぐましも（巻三、四四九、大伴旅人）
玉垂の小簾の間通しひとり居て見る験なき夕月夜かも（巻七、一〇七三）

以上できうる限り和歌とは縁のない現代の人々にも日本人であればなんとか分かりそうな万葉歌を並べて自己、他者、自然との相関関係を例示してみたが、万葉人にとっておそらくは現代日本人にとっても絆としての自然がいかに大切なものであるかがお解かりいただけたと思う。

他者や自然を自己よりも究極的には取るというのはこのような文脈において言えるのであり、くり返すが決して自然一般ではない。すなわち他者はとりあえず縁者であり、自然（風景）はその他者と共有した自然であるといえよう。そのようなものを究極状態においては自己よりも先に選択するのである。このような文明論的傾向は今もなお日本人は共有しており、本論文との関連で言えば以下のような事例を述べるだけで充分であろう。

よく知られているように特攻隊員たちは死後靖国神社にて会おうと言い交していた。桜となってよみがえろうというわけである。しかし靖国神社といっても広い、共に出撃した戦友と境内のどこで落ち合うのか。本殿に入る門をくぐって二本目の桜、つまり現在東京地方の桜の開花宣言をする標準木あたりで戦友たちと再会することになっていたそうである。他の文明下の人々にはとても理解しえないような文脈ではあるのだが、日本人は、これを今もよく理解しうる。日本文明がいかに自然を自己以上に取るのか（この場合は桜の木）また、その場所、門をくぐって二本目の桜の場所が彼らにとって大切なものであることはもちろん、我々日本文明人にとって大切なものとなるのである。

ともあれ特攻隊の青年たちも自己よりもこのような他者と自然をとりあえずは選択したのである。そしてそこから普遍していけば日本国土や日本人全体さらにそれを代表、象徴する国家や天皇ということになる。このような広がりの中での自己の生命を「純粋贈与」として捧げることにしたと言えるのである。（続次号へ）

在宅医療から見えてくるもの

西洋近代文明の陥穽とその超克⑭

見る位置を変えると「生活」の重要さや意味が見えてくる

医師　福山耕治

静と動

あなたは「暇な日常」と「忙しい日常」のどちらを好むだろうか？ ある人は暇で穏やかな日常を好み、忙しさや慌ただしさを嫌うだろう。また、ある人は忙しく充実した日常を好み、暇や退屈を嫌うかも知れない。このことは主観的な好みの問題であり人それぞれと言える。そもそも「暇」や「忙しい」という概念そのものが主観的で相対的なものだ。そして、人間というのは不思議な存在で、「暇な日常」を送っていると「忙しい日常」にあこがれ、「忙しい日常」を送っていると「暇な日常」を望むようになる、という裏腹で天邪鬼《あまのじゃく》なところもある。

では、暇や忙しさはその人が望むようになるのだろうか？ ある程度は自分の意思で「暇な日常」や「忙しい日常」を選ぶこともできるだろうが、意思に反して「忙しい日常」や「暇な日常」を余儀なくされることもあるだろう。人生にはいろいろな局面があり急に忙しくなったかと思えば気が付けば暇になっていたりするものだ。時間の流れは、まるで川の流れのように勾配にしたがって急に流れたりゆっくり流れたりする。言うなれば、人は、時には自分の意思で、時には人生の流れによって、「暇な日常」と「忙しい日常」の間を行ったり来たりしている。

人生に限らず、1年の中にも暇な月や忙しい月があり、さらに月・週・日など細かく見ていけば、その中で「暇」と「忙しい」を行ったり来たりしているだろう。このように人は言わば「静」と「動」の間を行ったり来たりしている。

そして、医療にも「静」と「動」がある。

疾病モデルと障害モデル

今は昔、20年近く前のことである。筆者は地方の中核病院で循環器内科の後期レジデントとして働いていた。ある日、70歳代の男性が「胸痛」を主訴として救急外来を受診した。問診や身体診察を経て血液検査・心電図検査・心臓超音波検査などを行った結果、急性心筋梗塞が疑われた。一刻の猶予もない。検査結果をもとに、患者さんと家族に「急性心筋梗塞の疑いがあり、緊急の心臓カテーテル検査、引き続いてカテーテル治療を行う必要があるので、今すぐ入院が必要」という内容の説明を行ったところ、次のようなやりとりになった。

患者さん「先生、ちょっと待ってもらえませんか?明日、田植えがあるんです。胸の痛みを薬か何かで落ち着かせてください。明日田植えを済ませたらおとなしく入院するのでそれまで待って下さい。」

筆者「いやいや。それはできません。今すぐにカテーテル検査をしないといけません。そうしないと生きて明日が迎えられない可能性があります。しっかり検査してしっかり治療すれば元気になります。また元気になれば田植えは来年でも再来年でもできますから、ここは入院して下さい。」

農業が盛んな地域の病院ではこのようなケースに遭遇することは珍しくないだろう。翌日以降の入院を希望する患者さんを説得し田植えを諦めてもらった。

これが世に言う「疾病モデル」である。「疾病モデル」とは肺炎や心筋梗塞などの急性疾患のことを指し、治療と看病(看護)がテーマであり、医学的管理が優先で患者さんや家族の生活や価値観は後景化する。急場をしのげばその後に回復の見込みがあるので、田植えなど患者さんの大切なものを我慢していただくことも辞さない。救急医療の現場はこのように「疾病モデル」の世界観で動いている。これが医療における「動」と言える。検査や治療のタイミングを逃してはならない。

一方、現在の筆者が従事する在宅医療の対象は、老衰・末期癌・後遺症(障害)・神経難病など、エビデンス(科学的根拠)のある有効な治療がもうこれ以上ない状態の患者さんばかりだ。共通することは「時計の針が元に戻らないように、一度後遺した障害が慢性的に残存、または残存するだけでなく進行する」ことである。これらが「障害モデル」と呼ばれるものだ。

「障害モデル」では生活へのサポートがテーマであり、医療は主役ではなく患者さんや家族の生活や価値観が優先される。治療よりもケアが重要であり「生活をどう支えるか？」ということを常に考えなければならない。更に言うと、障害を負った人が、いかにその状態をその人の新しい普通の状態（new normal）ととらえ、どうすれば普段の生活を有意義に楽しく過ごせるようになるか？ということが重要である。医療は主役ではなく、検査や治療などは後回しで良い。これが医療における「静」である。

筆者は「疾病モデル」の救急医療から「障害モデル」の在宅医療にシフトし、「動」の世界から「静」の世界へと移動した。そこで見えてきたものは生活や価値観というものであった。「疾病モデル」では後景化し見えていなかった生活や価値観は、逆に「障害モデル」では最も大切なものである。

おばけ煙突

東京都足立区で昭和38年まで稼働していた千住火力発電所。その千住火力発電所の4本の煙突は、上から見ると、（つぶれた）ひし形に配置されており、見る場所により1本にも2本にも3本にも（もちろん4本にも）見えることから「おばけ煙突」と呼ばれていた。今はもう撤去されていて存在しない。筆者のような団塊ジュニア世代であれば、週刊少年ジャンプの漫画「こちら葛飾区亀有公園前派出所」に「おばけ煙突が消えた日」という回（コミック第59巻）があり記憶があるかもしれない。少年時代の主人公（両さん）が臨時の先生との別れにおばけ煙突に垂れ幕をかけてメッセージを伝える場面があり、切ない別れと同時に不思議な煙突（おばけ煙突）が印象に残っている。

ここでなぜおばけ煙突の話になるのか？それは、同じ一つのものでも見る位置によってその見え方が異なってくることを示したかったからだ。ここでいう同じ一つのものとは「生活」である。例えば、「疾病モデル」の救急医療では「生活」は後景化していて見えない。一方、「障害モデル」の在宅医療では「生活」を重視している。そして、後述するように、在宅医療においても「静」と「動」の間を行ったり来たりする時に見る位置が変わり、おばけ煙突のように「生活」の見え方が異なってくる。

3つの指標（生活状況のものさし）

賢明な読者の皆さんはもうお気付きだろう。前々回、前回、今回とこの連載では3回連続で最後の小見出しが「3つの指標（生活状況のものさし）」となっていることに。この3つの指標とは、「動ける」「食べられる」「コミュニケーションできる（意識がある）」の3つを指す。

今回は、在宅医療つまり「障害モデル」において「要介護度」の指標となることを強調したい。移動や排泄や入浴にどれだけの介助を要するのか？（＝どれだけ動けるか？）食事にどれだけの介助を要するのか？（＝どれだけ食べられるか？）どれほどの認知症症状があるのか？（＝どれだけコミュニケーションできるか？）、この3つの生活状況を観察することによって「要介護度」が分かる。これは患者さんの「静」の状態を評価している。

そして、在宅医療においても同じ一人の患者さんは「静」と「動」の間を行ったり来たりしているので完全に「静」にとどまっているわけではない。急変したり死に向かって状態が悪化して行ったりと「動」になることもある。「静」から「動」に動くときに再び3つの指標を使って状態を評価する。急変時には、重症か？軽症か？救急医療につなげるべきか？という判断をするのにこの3つの指標で判断するし、死に向かって状態が悪化している時には、予後予測（あとどれくらい生きられるかの予測）にこの3つの指標を用いる。

最も身近で単純な「生活」。その「生活」を観察する3つの指標。在宅医療では、「静」においては「要介護度」を意味し、「動」においては「重症度」や「予後」を意味する。救急医療に偏ってしまい「生活」の重要さに気が付かないこと、医師にとって西洋近代文明の陥穽はまさにここにあると言える。灯台もと暗し。見る位置を変えると「生活」の重要さや意味が見えてくる。

一冊にかけた思い

山本直人著『亀井勝一郎』（ミネルヴァ書房、４１８０円）

紀行文学の名作といわれる『大和古寺風物誌』などが代表作である亀井勝一郎は、保田與重郎らとともに『日本浪曼派』の創刊に携わる同人でもあった。そんな亀井の文学にかけた人生を描いたのが本書である。著者である山本直人さんに、本書にかける思いを聞いた。

亀井の日本回帰と仏教

―― 本書は長年の亀井勝一郎研究の結実となるわけですが、本書を読んで、亀井勝一郎はわかりやすい思想的分類に収まらない人だったのではないかと感じました。

山本　亀井の文章の特徴に、二つの極端なテーマを出して、そのどちらにもなり切れない揺れ動く自己を描く、といったところがあります。例えば「政治と文学」といって政治に賭けながらも文学や芸術は捨てられないといった葛藤を描いています。

元々は、芸術の世界で遊んでいることは出来ないと、芸術をかなぐり捨てて政治に向かうわけです。けれども、小林多喜二のように命を失うほどの犠牲が必要になった時に自分にその覚悟があるのかといったら、結局そうはなれず、また文学に戻って、ということを経験しました。

―― 戦時下（昭和十八年）に刊行された代表作『大和古寺風物誌』は和辻哲郎『古寺巡礼』を意識しつつ、『古寺巡礼』が仏像を芸術作品として見ている側面があるのに対して、亀井は信仰の対象として仏像を描いていることに大きな特徴がありました。しかしその亀井自身が信仰の世界にいきれていないようにも思えます。

山本　なかなか鋭いところをついていますね。亀井は函館出身でハイカラな出自から、和辻的な大正教養主義に身を染めてきたわけですが、そうした故郷喪失者の自分が日本の原風景を探し求める旅としての大和行きでした。それは大和に生まれ育ち、自身の故郷を語ることがそのまま古代日本の姿を語ることだと信じられた保田與重郎と対称的な関係に当たります。

亀井は最初は第二の『古寺巡礼』を書こうとしたんだと思います。しかし、実際に現物の仏様を見たときに純粋に手を合わせてしまった。その時に古代人が初めて仏像に接した時の気持ちとようやく同じ心になれた。亀井にとっての「日本回帰」は、自分が生まれ育った北海道に代表される「近代日本からの脱出」に他ならなかったのです。

――　亀井自身の信仰はどういうものだったのでしょうか？

山本　浄土真宗の函館別院というところが実家の宗派で、ただそれは祖母の代からの家の宗教だったに過ぎないので、亀井自身が信仰していたわけではありません。幼い時にはキリスト教教育を受けたりして、そちらに親しんでいたのですが、いざ洗礼を受けるという話になったら逃げだしてしまう。

最終的に自分の中の宗教とは何だろうと突き詰めたときに、単に自分の家の宗教というだけでなく親鸞に向き合うことになりました。浄土真宗の、信仰を信じきれない自分ですらも救われるという信仰に惹かれるようになります。

――　信じられない自分さえ救われるというのは非常に真宗的な発想ですね。

山本　家の宗教としての素地がありつつ、思いがけない形で親鸞と出会う（邂逅）ことによって自分自身が変わっていく面がありました。

――　ほかの真宗系の人物との付き合いはありましたか？

山本　強いて言えば倉田百三ですね。亀井も突然親鸞に飛びついたというわけではなく、自分の先輩的存在である倉田百三に導かれたという側面が大きいと思い

言葉は精神の脈搏である
亀井勝一郎
山本直人著
紀行文学の名作『大和古寺風物誌』の
批評家が歩んだ大正・昭和の精神史。

ます。倉田とは『日本浪曼派』を脱退した後の「新日本文化の会」で知り合います。また仏教全般については、保田與重郎の影響もあると思います。保田は根本的には神道を信じていたのでしょうが、日本の土着的な仏教は重んじていました。

転向体験と日本浪曼派

――ところで亀井は大学時代に社会主義にかぶれて入獄し転向しますが、亀井を社会主義に駆り立てたものは何だったのでしょうか?

山本　亀井には、社会主義が盛んになることで自身のような富裕な生まれの人間は糾弾され没落するのだという恐怖感がありました。太宰治にも似たような罪悪感がありました。太宰と亀井が初めて出会うのは昭和十年以降ですが、似たようなルートをたどっています。亀井は入獄、転向を経験するわけですが、出獄後の転向作家の集まりで保田與重郎と知り合うことになります。本庄陸男という人が亀井と保田を結び付けるのですが、保田には転向体験がないのになぜ本庄と知り合いだったのかはわかっていません。

転向作家は、プロレタリア文学の時代が崩壊してどうやって生きていくかという問題と、日本が欧米の翻訳文化となっていることに対して限界を感じたことで、自身を変える必要を感じており、それが日本浪曼派とかみ合ったのです。亀井は政治活動で一回獄中に入って、普通ならこれで政治はこりごりだとなりそうなものですが、戦後になっても政治的発言をし続けています。

西洋近代の超克へ

――最終的に亀井はアジアを論じます。

山本　戦時中も国策的な意味合いでアジア主義的なことを言っていましたが、そこまで自覚的ではありませんでした。自覚的にアジアを論じたのは戦後になってからです。アジア主義を唱えながらも、日本と中国が戦わなくてはいけなかった悲劇性は戦前から言っています。

――戦後の亀井をアジア論に駆り立てたものとはなんだったのでしょうか？

山本　やはり中国に対する贖罪意識みたいなものはあります。中国に渡り毛沢東と会見して戦時中のことを謝っています。そういう点でいわゆる右派的な人には評判の悪い面もありますが、興亜論的なことを唱えながら結局果たせなかったという責任意識がありました。また中共だけではなく三千年の歴史を持つ中国全体を見ていました。亀井が戦前から関心を持っていた作家に魯迅がいます。魯迅はヨーロッパ文明に対して、遅れてきたアジアの抵抗意識をテーマにした作家です。そういった点で共鳴するところがあったのではないでしょうか。

　そして亀井のアジア主義には、単なる中国への贖罪と欧米への対抗意識だけではなかったことにも注目されなくてはなりません。亀井は『二十世紀日本人の可能性』の中で、「東洋対西洋と云つたときの、その対立感すら破砕するものでなければならぬ」と言っています。西洋近代を超克するために日本回帰し、日本回帰する中で日本文化を生んだ東洋に還っていく。亀井の最後のテーマは『日本人の精神史研究』ですが、最晩年の亀井の射程は中国、インド、そしてシルクロードをさかのぼり、古代ローマにまで届いていました。人類の根源的文明を探ることが究極の目標だったのかもしれません。亀井は岡倉天心にあやかってインドには行きたかったがいけませんでした。しかしながら、美術史家の上原和が亀井の理想を継承し、ガンダーラからギリシアに至る古代憧憬の旅を果たしています。

――亀井の生涯を通じた問題意識とは何だったのでしょうか？

亀井は常に「自分とは何か」を考えた作家だと思います。自分を考えたときに、自分を形作る文化をも考えていかなければなりません。そうして「東洋と西洋の邂逅地点」である日本、そしてその日本を形作ったアジアに関心が向いたのだと思います。

（聞き手　小野耕資）

【書評】

『日本よ、歴とした独立国になれ！』

山下英次 著
ハート出版刊
1,980（税込）

本誌はわが国の真の独立を主要テーマに掲げているが、本書もまた、わが国が直面している国難や諸課題を解決するためには、わが国が真の独立国家たらねばならないと強く訴えている。

「国の独立回復は、極めて重要な国家的な課題である。今のわが国にとって、これ以上重要な国家的な課題がほかにあるだろうか？／誰からの独立かといえば、それは無論、アメリカ合衆国からの独立に他ならない」（6頁）

著者は、日本には独立国家の「三種の神器」である、一、自前の憲法、二、国防軍の保有、三、スパイ防止法に裏付けられた統合された国家情報機関がないと説き、〈われわれ日本国民は、現状「非独立国」に過ぎないことを認めた上で、一人一人ができることから国の真の独立に向けてそれぞれ何らかの貢献ができるよう努力すべきである〉と訴える（5、6頁）。

著者はこうした認識に立ち、ＧＨＱの占領政策の影響を詳細に分析している。

例えば、参謀第二部（Ｇ２）民間情報局（ＣＩＥ）は、戦勝国の歴史観を植え付けるために、日本人を洗脳した。ＣＩＥは、昭和二十年十二月八日から十回にわたり『太平洋戦争史』を全国の新聞紙上に連載させ、同年十二月九日から十回にわたり『真相はかうだ』をＮＨＫのラジオ第一放送・第二放送で同時放送させた。

このようにして植え付けられた歴史観から脱しようとすれば、大きな抵抗を受けざるを得ないのが現実だ。

〈戦後、連合国によって確立された第二次世界大戦に対する歴史的評価が絶対視され、それから外れた歴史観は、歴史修正主義もしくは……リヴィジョニストと呼ばれ批判されてきた。戦勝国史観の人たちが、われわれのような「脱ＧＨＱ史観」を持った人間に対して与える一種の蔑称として使われてきた。……彼らが自らを正当とし、われわれを異端として蔑むように、リヴィジョニストのレッテル貼りをしてくるような場合には、決してそのまま捨てておくべきではない。彼らの主張に恐れ入ることなく、また怯むこともなく、直ちに敢然と反論すべきである〉（２３８、２３９頁）

ＧＨＱによる洗脳工作については、近年様々な書籍で指摘されるようになったものの、いまだに多くの国民がそれを知らない。そこで評者が注目したのが、本書がＧＨＱの言論統制に加担してきた大手メディアの責任を厳しく追及している点である。

「講和条約が発効した後も、ＧＨＱ時代の洗脳・言論統制があたかもなかったかのように、何もしないで済ませてきたＯＢや今の現役のジャーナリストに罪がある。告白しないとしたら、読者もしくは視聴者のみならず、日本国民全体に対する大きな罪の上塗りを続けることになる」（２４６頁）、「大手メディアの告白・懺悔というプロセスを抜きにして、日本は決して歴とした独立国になれない」（２４７頁）

著者によれば、大手メディアがＧＨＱによる言論統制の事実を社説で取り上げたのは、わずか二回だ。

こうした中で、著者は平成二十七年の元旦にＮＨＫ会長の籾井勝人氏（当時）宛てた手紙で次のように求めた。

〈このように巨大な罪を積み上げてしまった日本のメディア各社ですから、今後、一回限り、この問題を報道するというぐらいではとても、罪滅ぼしにはなりません。……ＮＨＫの場合には、『真相はかうだ』が始まったのが十二月九日ですから、九日を「月命日」としては如何でしょうか。すなわち、毎月九日に、ＧＨＱによる洗脳工作の実態を伝える大特集を報道し、それをしばらく続けるということです〉（２５１頁）

ＮＨＫには、是非この提案を実行に移していただきたい。

（坪内隆彦）

坂本篤紀『維新断罪』（せせらぎ出版、1320円）

いま大阪万博が行き詰まっている。維新の会が鳴り物入りでその招致の成果を誇示してきたが、海外パビリオンの建設はまったく進んでいない。これは資材や人件費の高騰により工事が進まないことで起こった形ではある。だが根本を突き詰めればできるはずのない低予算でニーズのない招致をし、後から「想定外の出費」として予算が膨らみ続ける催事資本主義の悪辣さが表に出た格好である。これは東京オリンピックでも行われた愚行である。

本書は大阪の日本城タクシー株式会社の社長である坂本篤紀氏が、維新の会を大阪弁によるインタビューで分かりやすく一刀両断した本である。本書の版元せせらぎ出版もまた大阪の会社であり、大阪にも維新の会を批判的に見る輿論があることを教えてくれる。

「（万博会場である）夢洲は軟弱地盤やから、建物を建てればどんどん沈んでいく。元々はゴミを埋め立ててできた所やから想像を超える軟弱地盤なんや。金をいくら突っ込んでも、そう簡単には地盤沈下は止まらんらしい。（中略）大阪維新の会のもくろみが浅すぎて、当初から専門家はやめておけって言うてんのに、聞く耳をもたず突っ走って、ここにきてメッキがどんどん剥がれてきているのが現状やね。」（55頁）

「―ですが、大阪万博が開催されたら海外からも人がたくさんやってきて坂本社長のようなバスやタクシーの会社は儲かるんじゃないですか？

それはよく言われるけど、半年儲かればええんかということですよ。（中略）思うねんけど、ここ30年、40年、日本は万博・五輪中毒ちゃうかな。

―ずっと招致をどこかの都市がやってました。

そんなことに金を使うよりちゃんと産業に投資するほうが未来の大阪のためになるのにね。テスラなんて製造業やで。バッテリー1個から自社生産ですよ。なんでそんなことができるかといえば、州が死ぬほど金を突っ込んでいるから。打ち上げ花火のような半年間の祭りになんか金を使わへん。大阪なんかどんどん会社がなくなっているのにアホちゃうかと思うわ。」（47～48頁）

その他ライドシェア、消費税、原発などに対し坂本社長の卓見が光る。

（小野耕資）

むのたけじ『たいまつ十六年』（岩波書店、2310円）

秋田出身で二〇一六年に一〇一歳で亡くなったむのたけじは、戦前朝日新聞の記者として大東亜会議を取材している。本書は戦前戦後の壮年期に書いた文章を集めた評論集である。そこに大東亜会議での取材で受けた印象を書いた「大東亜」という文章が収録されている。

「実力以上に重い役割をせおった男」東条英機は重臣たちによって総理大臣に祭り上げられた男である。そんな東条政権末期に起ったのが大東亜会議で、「完全独立を求めてやまないアジアの決意を尊重することなくしてアジアの諸国家諸民族の協力は得られないという日本側の反省もあった」ことは間違いなく、アジア各国の独立を期したものであったが、戦況芳しくない中泥縄式に進められた大東亜会議を仕切った日本政府関係者にどれほどアジアの独立を真摯に支援する心があったのだろうか。

むのが見た大東亜会議の光景では、むしろ日本側の細心さが際立つ。アジア各国首脳のために戦時中で珍しくなっていた虎屋のようかんをふるまったり、何とかアジア各国の歓心を買おうとした光景が描かれる。しかし満州国の張景恵も、南京政府の汪兆銘も、タイのワンワイタヤコンも、フィリピンのホセ・ラウレルも、ビルマのバー・モウも、インドのチャンドラ・ボースもそんなものには目もくれず、堂々としており、必死であった。チャンドラ・ボースは「私がこうして演説しているときにも祖国では幾千万の同胞が苦しみにあえいでいます」と涙を浮かべ演説したが、彼等首脳に卑屈さはかけらもなかった。「大東亜」の最後は「卑屈というものを捜すならば、それは会議場を往き来する日本人たちにこそ、いくらでも見ることができた」と皮肉な一文で終わっている。

むのは自身の娘に「あじあ」と名付けるほどのアジア主義者であり、左派的言論を貫いた人だが、その根底には日本やふるさとへの愛があった。敗戦で軍部はつぶれ財閥は傷つき政治家は追放され平民はすべてを失ったにもかかわらず、戦後も変わらず日本を支配した官僚への怒りをつづった「官僚は死なず」や、「いま日本に必要な一句は『（アメリカの）ドレイであるのにドレイでないように説く言葉は警戒せよ』である」（「おそまつな国」）など、時を経た今もギョッとさせられる一句に出会う。

（小野耕資）

昭和維新顕彰財団

大夢舘日誌

令和五年八月～九月

一般財団法人昭和維新顕彰財団は、神武建国から昭和維新に代表する「日本再建運動」に挺身した先人の思想と行動を顕彰・修養・実践を行うことを目的に設立されました。本財団は会員、有志の方々の支援により、岐阜護国神社内に「青年日本の歌」史料館が開館したことをはじめ、これまでに様々な活動を行っています。

「大夢舘日誌」は、事務局のある岐阜県の大夢舘から、財団の活動について報告していきます。この日誌によって、財団に対する一層の理解が頂けましたら幸いです。

（日誌作成・愚艸）

八月十二日

文藝春秋が発刊する『文學界』の2023年9月号において、近現代史研究者である辻田真佐憲氏が「青年日本の歌」史料館を氏が連載している「煽情の考古学」にて紹介。

岐阜護国神社内にある「青年日本の歌」史料館は、令和五年五月十五日に第五十一回大夢祭にあわせて開館したが、その際に辻田氏が取材、大夢祭にも参列している。

辻田氏は誌上において、当財団理事・花房東洋及び大夢舘舘主・鈴木田遵澄の発言を紹介しつつ、大夢祭の模様や「青年日本の歌」史料館の概要を解説。

また、三上卓先生の作詞・作曲した「青年日本の歌」についての氏の考察も述べられており、五・一五事件や「青年日本の歌」について知らない読者にも分かりやすく、充実した内容となっていた。

八月二十一日

大夢舘舘主・鈴木田遵澄が、熊本県の「木村邸」において勉強会を肥後の偉人顕彰会との共催で行った。

講師として元県学芸員の青木勝士氏と落語家・桂竹紋氏を招き、第一部は「時習館」をテーマとした歴史の講義、第二部は落語の公演が行われた。

五十名の有志が集まり、自民党・南部隼平県議をはじめ五名の県議会議員が参加した。

九月十四日

岐阜県の大夢舘内において、「青年日本の歌」史料館の分室として開設された「忠節文庫」の史料・書籍の整理を引き続き行っている。

「忠節文庫」には史料館に展示しきれなかった史料・書籍が収蔵されている。分類や配置など、研究や利用のしやすさを考え、環境を整えていく予定である。

利用や問い合わせについては、大夢舘（058―252―0110）まで。

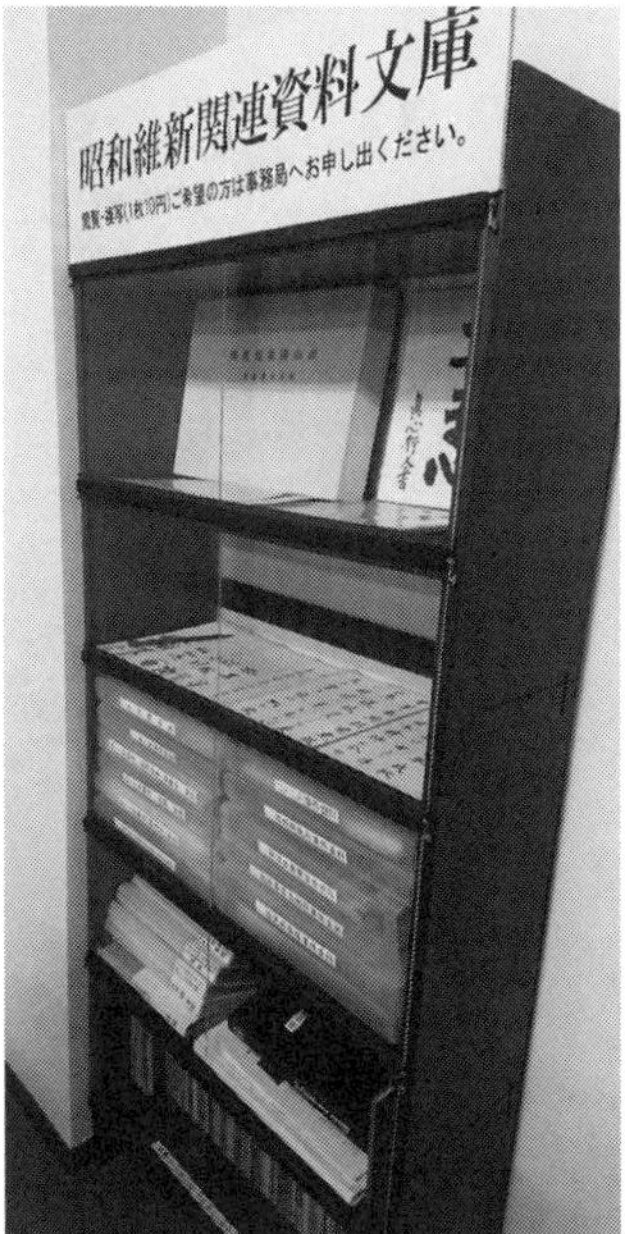

活動報告

・衆議院議員の**福島伸享先生**のご協力により、維新と興亜塾特別編開催。水戸祇園寺で**橘孝三郎墓参**の後、**愛郷塾**で小野耕資副編集長が「**農本主義が日本を救う橘孝三郎『日本愛国革新本義』を読む**」と題して講義。昭和七年一月、五・一五事件を起こすわずか四か月前に橘孝三郎が講演した記録が『日本愛国革新本義』である。農業とそれに基づく簡素な暮らしこそが正しいと考えた橘は愛国同胞主義がなくなりつつあることに危機感を感じ共同自治への転換、王道への回帰を主張した。『維新と興亜』関係者では折本龍則発行人、坪内隆彦編集長、山本直人編集委員が参加。（八月十九日）

橘孝三郎墓

企画展「天心と画家たちのアジア」

小野耕資の講義（愛郷塾）

・坪内隆彦編集長、小野耕資副編集長が北茨城の五浦にて岡倉天心墓参。六角堂、茨城県天心記念五浦美術館**企画展「天心と画家たちのアジア」**見学。茨城県近代美術館の所蔵作品を中心に、中国の故事や仏教説話に取材した作品、画家が実際にアジアを旅し、現地での体験をもとに描いた作品、また、現代の画家による仏教をテーマに描いた作品など、広くアジアを主題に描いた近現代の日本画が展示されていた。（八月二十日）

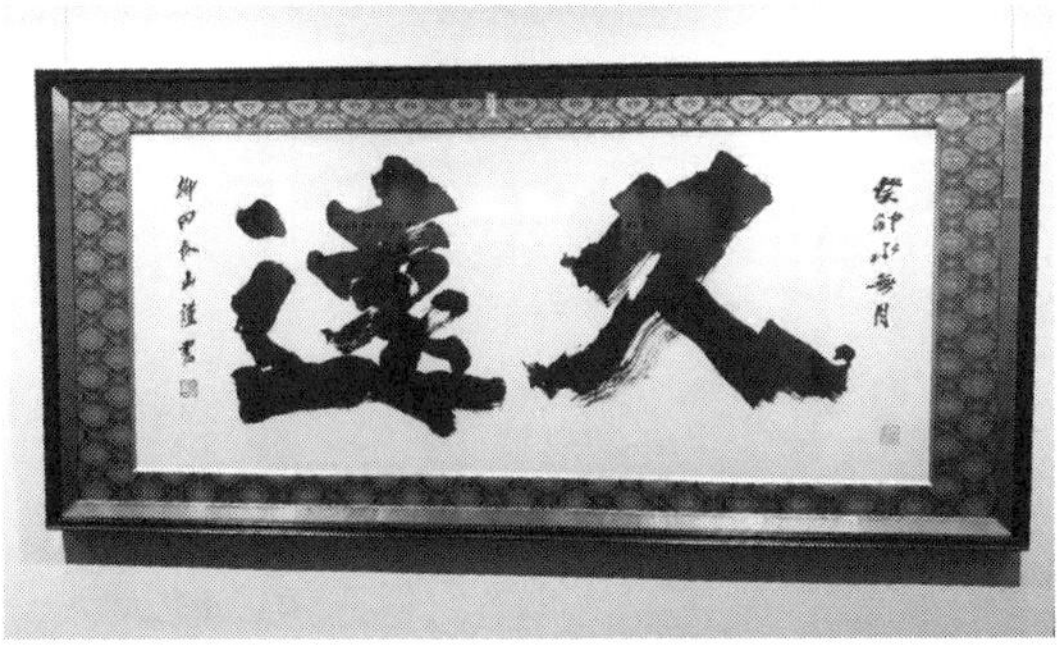

柳田泰山先生書「久遠」

・折本龍則発行人、坪内隆彦編集長、小野耕資副編集長が上野の森美術館で本誌の題字を揮毫してくださっている**柳田泰山先生の「第二十九回泰書展」**を見学。（八月二十五日）。

・折本龍則発行人、坪内隆彦編集長、小野耕資副編集長、山本直人編集委員が**日本学協会「千早鍛錬会」**に参加。理事長の平泉隆房先生の講義は吉田松陰の『士規七則』。平泉理事長によると、ポツダム宣言受諾前日の昭和二十年八月十四日、軍令部第一部長富岡少将の代理として参謀土肥一夫中佐、宮崎勇中佐が、祖父の平泉澄先生を訪れ、「将来國體護持の力いづこに求むべき、特攻の人々か」と質問した。これに対して平泉澄先生は「特攻の士見事なれど、これより帰郷して二、三年たつうちに精神の崩るる事多かるべし、その崩れざるは必ず学問の力にまつ……」と答えられた。その後、**湊川神社参拝。**（八月二十六日〜二十七日）

平泉隆房理事長

・維新と興亜塾**八紘為宇と王道アジア主義**（講師：坪内隆彦）第八回開催（最終回）。（八月三十日）

・坪内隆彦編集長が東京経営者倶楽部主催**「第一回国のかたちを考える講演会」**で「日本再建は水戸学〜國

平田篤胤墓

體論」と題して講演。（九月七日）

・大東会館で『維新と興亜』顧問でもあった元展転社社長**藤本隆之氏歿後一年祭**を斎行。（九月十六日）

・坪内隆彦編集長が**調布史の会**で王道アジア主義について講話。（九月十七日）

・維新と興亜塾**柳田国男の民俗学—農・神道・アジア**（講師：小野耕資）第一回開催。柳田国男の明治四十二年の「九州南部地方の民風」では、伝統的な村落社会が土地共有、富の均分、ユートピア的発想があることを指摘している。柳田は幼少期飢饉を経験したこともあり、農業の協同組合や土地公有論に強い関心を示していた。（九月二十日）

藤本隆之氏歿後一年祭

・坪内隆彦編集長が**伊勢崎門祭**で「崎門の精神—竹原を事例に」と題して講演。竹原崎門学の祖・唐崎定信は延宝年間に上京し、山崎闇斎に師事。定信は闇斎に自ら織った木綿布を贈った返礼に、闇斎から文天祥筆の「忠孝」の二文字を授けられた。定信の子孫・唐崎常陸介（赤斎）は明和三（一七六六）年に、この「忠孝」の二字を、礒宮八幡神社境内の千引岩に刻印。「忠孝」の二文字が、崎門の精神の継承を支えていた。同日坪内隆彦編集長、小野耕資副編集長で皇大神宮別宮倭姫宮参拝。神宮徴古館、農業館見学。徴古館では倭姫宮創祀百周年記念展が開催されていた。（十月十五日）

神宮徴古館

※活動はyoutube「維新と興亜」チャンネルでも公開

読者の声

■私自身、武道の末席を汚していることもあり『ブルース・リーの老荘思想』『格闘技とアジア』に目が留まった。読み進めていくと『右翼思想の中にある理性に止まらない身体性』『身体全体で宇宙と繋がる発想』等のキーワードから民族派と宗教、武道が頭の中で繋がった気がした。『柔弱は剛強に勝つ』私もこの境地に達したいものだ。

（北海道函館市　嶋田不二雄）

■第二十号の時論で、小野副編集長が「維新の会は日本から無くなればいい」と主張されていたが、私も基本的にはこの意見に賛成である。

ただし私が密かに期待しているのは、維新の会がこれから「常勝関西」と呼ばれる、関西における公明党の地盤に、徐々に穴をあけていってくれるのではないか、ということである。そのことが直ちに何らかの政治的な変化につながるとは思わないが、人々に何かを考えさせるきっかけにはなるのではないか。

（本荘秀宏）

編集後記

★岸田総理が十月二十三日に行った施政方針演説でライドシェアの導入に向けた本格的な検討を進める方針を表明したことについて巻頭言で取り上げました。同日、産経新聞は絶妙のタイミングで、ライドシェア推進派の小泉進次郎元環境相にインタビューし、「政治課題として土俵に上がったということで間違いなく前進だ」とのコメントを伝えました。推進を主張する新自由主義者との言論戦が激しくなりそうです。

★対米自立、反グローバリズム、國體護持を主要テーマに掲げる本誌は、山崎闇斎を祖とする崎門学の國體思想と興亜思想を基軸に据えています。今回は、前県市長・日本学協会代表（常務）理事の小村和年先生に崎門学正統派の近藤啓吾先生について大変貴重なお話を伺うことができました。

★新連載が二本（『宗教問題』編集長の小川寛大氏の「直心伝―ある武道精神と日本人」と亜細亜大学非常勤講師の金子宗德氏の「八紘一宇と世界連邦～理想と現実の間で」）スタートしました。ご期待下さい。

（T）

『維新と興亜』バックナンバー 第4号（令和2年12月発行）～第19号（令和5年7月号）
注文は mail@ishintokoua.com、FAX 047-355-3770 まで。

崎門学研究会・大アジア研究会合同編集 令和3年4月号
アジア主義の封印を解く スピルマン 小山俊樹
祖父・頭山満の教え 頭山興助
小笠原省三のアジア主義 菅 浩二
日本回帰 第五の波に備えて 日本浪曼派座談会 ヴルピッタ 金子宗徳 山本直人 荒岩宏奨
中小企業を潰す菅政権 三橋貴明
真正護憲論（新無効論） 南出喜久治
情報機関なくして自立なし 福山 隆
追悼・四宮正貴先生 遺稿掲載
道義国家日本を再建する言論誌
維新と興亜
第6号

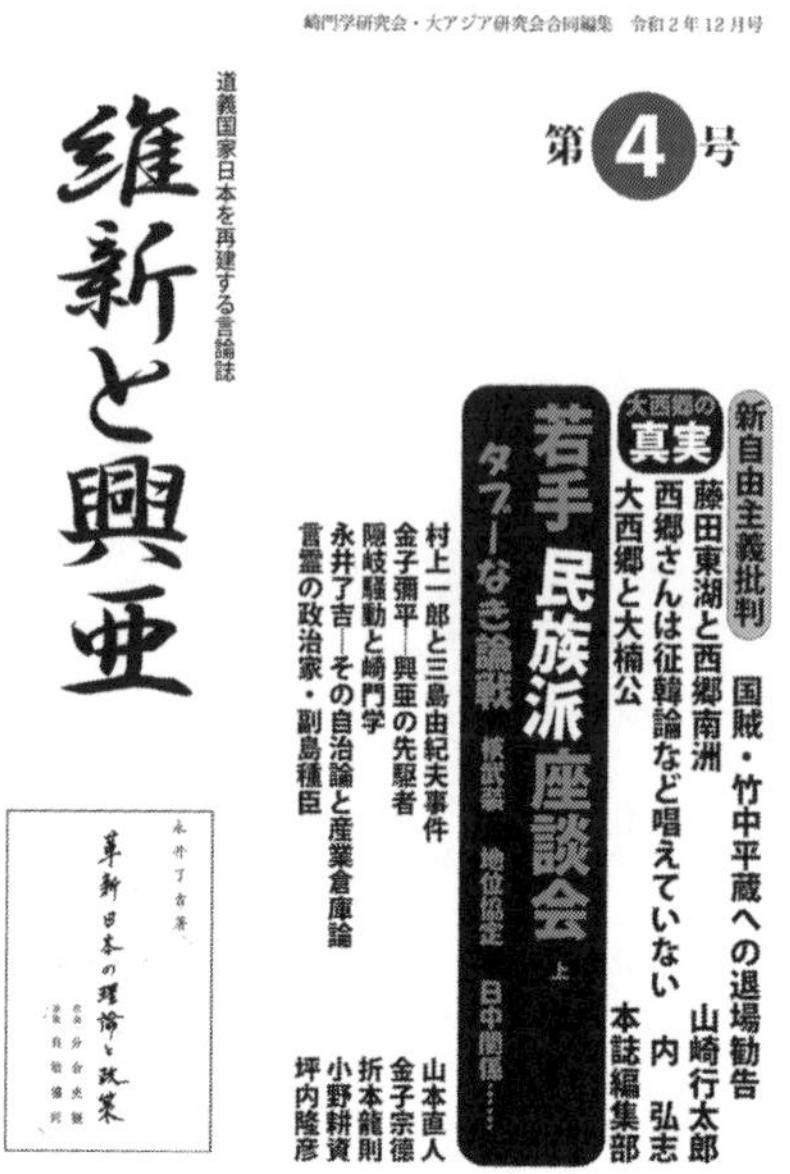
崎門学研究会・大アジア研究会合同編集 令和2年12月号
道義国家日本を再建する言論誌
維新と興亜
第4号
新自由主義批判 国賊・竹中平蔵への退場勧告
大西郷の真実 藤田東湖と西郷南洲 山崎行太郎
西郷さんは征韓論など唱えていない 内 弘志
大西郷と大楠公 本誌編集部
若手民族派座談会 上
タブーなき論戦 核武装 地位協定 日中関係……
村上一郎と三島由紀夫事件 山本直人
金子彌平—興亜の先駆者 金子宗徳
隠岐騒動と崎門学 折本龍則
永井了吉—その自治論と産業倉庫論 小野耕資
言霊の政治家・副島種臣 坪内隆彦

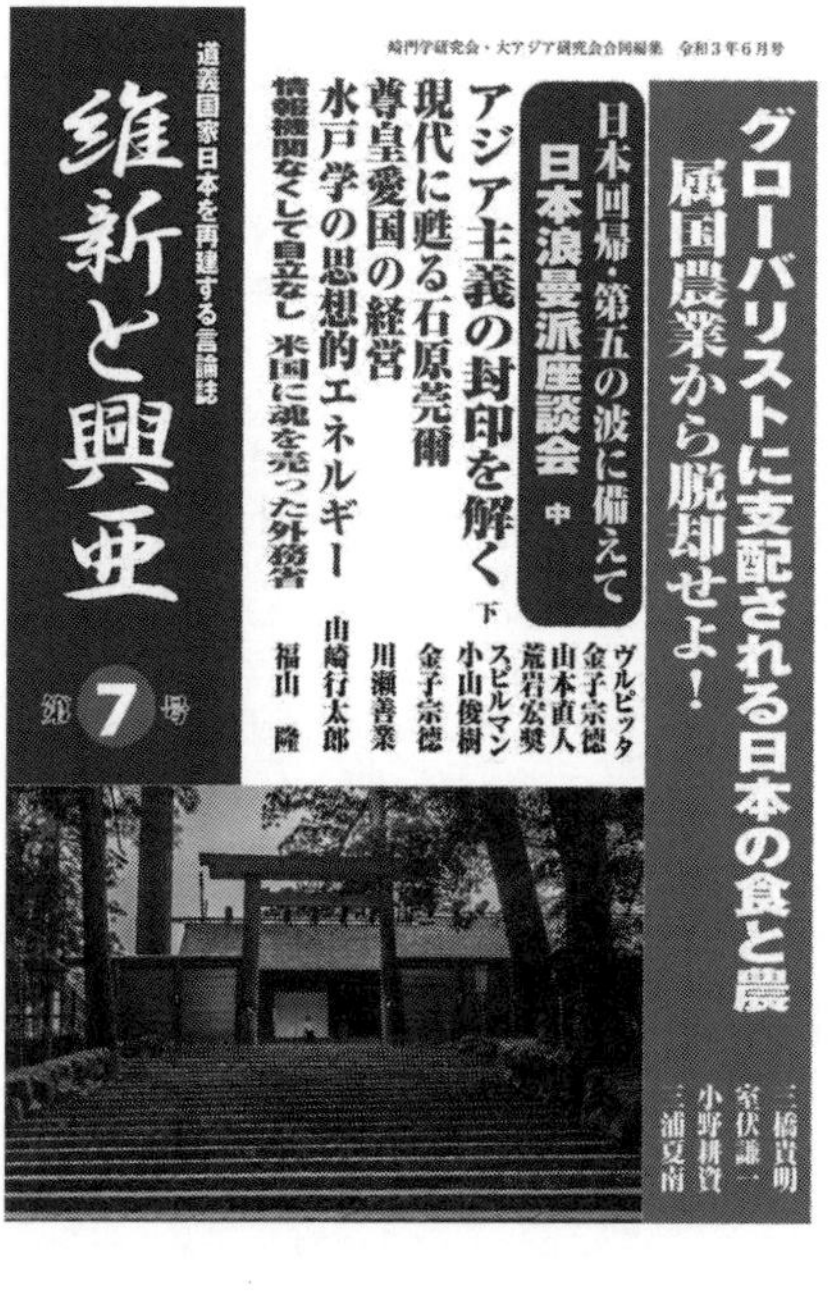
崎門学研究会・大アジア研究会合同編集 令和3年6月号
道義国家日本を再建する言論誌
維新と興亜
第7号
グローバリストに支配される日本の食と農
属国農業から脱却せよ！
三橋貴明 室伏謙一 小野耕資 三浦夏南
日本回帰・第五の波に備えて 日本浪曼派座談会 中 ヴルピッタ 金子宗徳 山本直人 荒岩宏奨
アジア主義の封印を解く 下 スピルマン 小山俊樹
現代に甦る石原莞爾 金子宗徳
尊皇愛国の経営 川瀬善業
水戸学の思想的エネルギー 山崎行太郎
情報機関なくして自立なし 米国に魂を売った外務省 福山 隆

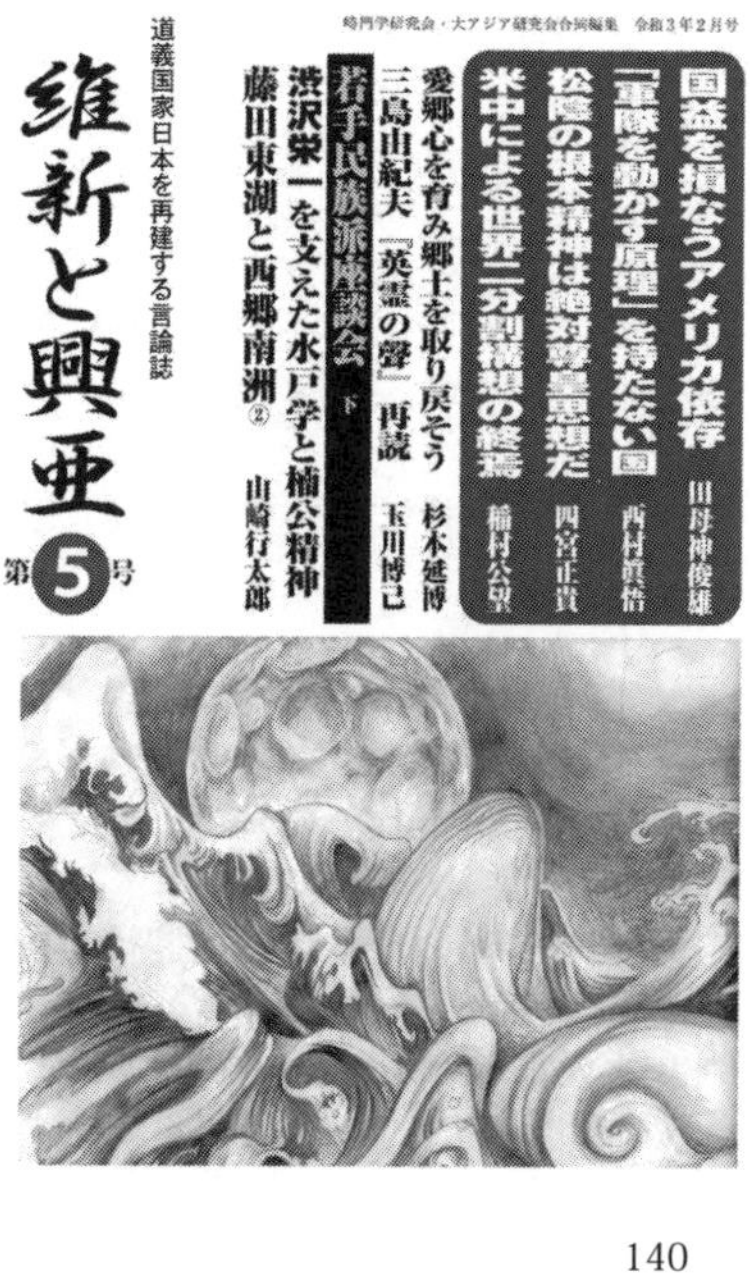
崎門学研究会・大アジア研究会合同編集 令和3年2月号
道義国家日本を再建する言論誌
維新と興亜
第5号
国益を損なうアメリカ依存 田母神俊雄
「軍隊を動かす原理」を持たない国 西村眞悟
松陰の根本精神は絶対尊皇思想だ 四宮正貴
米中による世界二分割構想の終焉 稲村公望
愛郷心を育み郷土を取り戻そう 杉本延博
三島由紀夫『英霊の聲』再読 玉川博己
若手民族派座談会 下 渋沢栄一を支えた水戸学と楠公精神
藤田東湖と西郷南洲② 山崎行太郎

崎門学研究会・大アジア研究会合同編集　令和3年8月号
財閥富を誇れども
社稷を念ふ心なし
「経団連を討て!」
なぜ経団連事件は起きたのか　蜷川正大
右派はなぜ財界の横暴に無関心なのか　針谷大輔
財界に甘いのは尊皇心のない証拠　小野耕資
日本回帰・第五の波に備えて
日本浪曼派座談会 下
アジアの道義的生活　三島由紀夫と蓮田善明
ヴルピッタ
金子宗徳
山本直人
荒岩宏奨
藤田東湖と西郷南洲—死を恐れない行動力　山崎行太郎
情報機関なくして自立なし　福山隆
渋沢栄一の「第二維新」　坪内隆彦
明治維新と神社神道　稲貴夫
道義国家日本を再建する言論誌
維新と興亜
第8号

崎門学研究会・大アジア研究会合同編集　令和4年1月号
維新の会は竹中平蔵一派なのか
「身を切る改革」の正体
稲村公望
山崎行太郎
米山隆一
特別対談
米中ダブル属国になる日本
新自由主義に染め上げられる「新しい資本主義」
小林興起
藤井聡
「日本とは何か」を問い直せ　福島伸享
Hanada
WiLL
正論
ネトウヨ保守雑誌の読者に問う! 第二弾
グローバリストに甘すぎる「保守」　金子宗徳×山崎行太郎
道義国家日本を再建する言論誌
維新と興亜
10

崎門学研究会・大アジア研究会合同編集　令和3年10月号
Hanada
WiLL
正論
ネトウヨ保守雑誌の読者に問う!
外来の保守思想にかぶれる言論人たち
CIAによる言論工作　米国による虐殺
山崎行太郎
金子宗徳
本誌編集部
特別対談
米中台のグローバリストに挟撃される日本
浙江財閥　TSMC誘致
中国を利するSDGs
稲村公望
深田萌絵
【新連載】天皇を戴く国　西村眞悟
「天皇を戴く日本」を見抜いた三人のフランス人
アフガンの次は日本が見捨てられる?　ペマ・ギャルポ
渋沢栄一も学んだ、日本を救う思想・水戸学
道義国家日本を再建する言論誌
維新と興亜
第9号

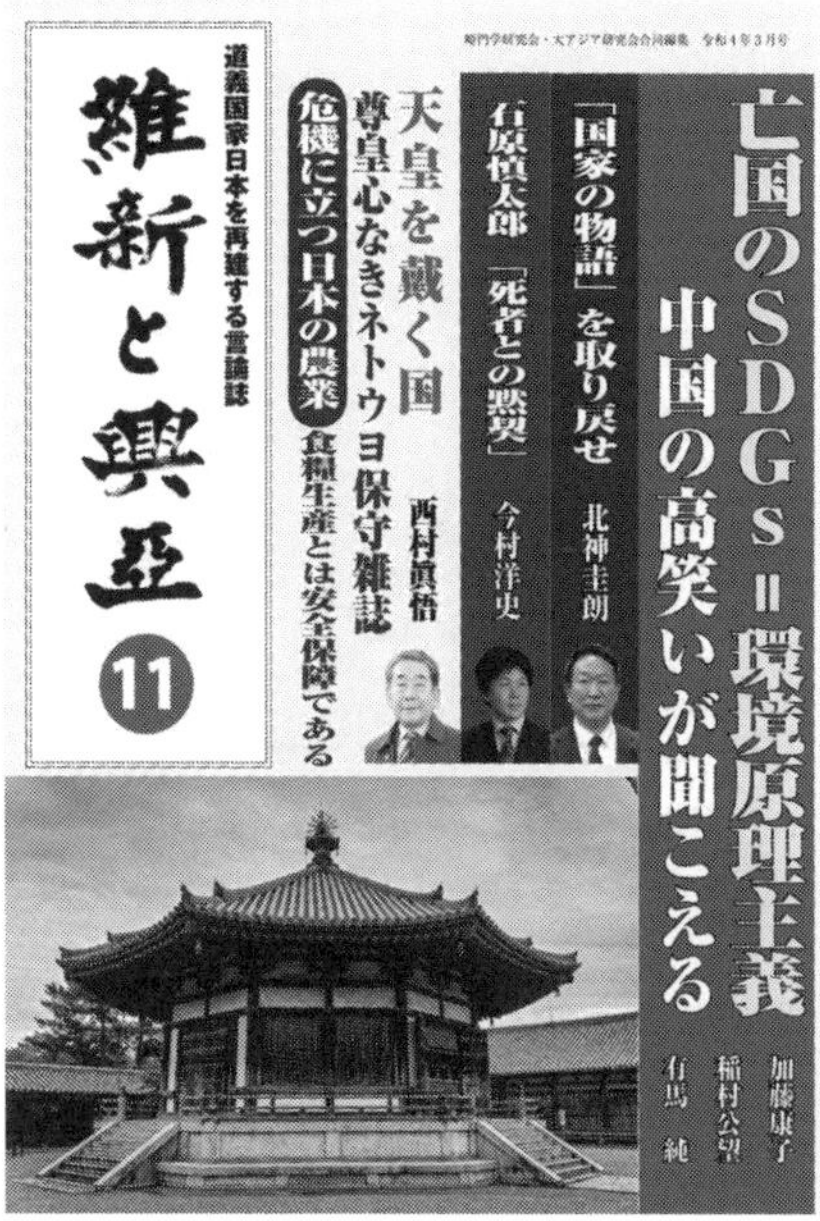
崎門学研究会・大アジア研究会合同編集　令和4年3月号
亡国のSDGs=環境原理主義
中国の高笑いが聞こえる
加藤康子
稲村公望
有馬純
「国家の物語」を取り戻せ　北神圭朗
石原慎太郎「死者との邂逅」　今村洋史
天皇を戴く国　西村眞悟
尊皇心なきネトウヨ保守雑誌
危機に立つ日本の農業　食糧生産とは安全保障である
道義国家日本を再建する言論誌
維新と興亜
11

崎門学研究会・大アジア研究会合同編集　令和4年5月号
道義国家日本を再建する言論誌
維新と興亞
12
日本よ国家たれ
主権回復70年
沖縄復帰50年
「守るべき日本」を浸食してきた米国と市場　荒谷卓
「唯一の被爆国」こそ核武装せよ！　堀茂
本土が沖縄に基地を押し付けている！　中村之菊
農業は国防だ！
日本でも餓死者が出る　鈴木宣弘
遺伝子組み換え食品で日本人は絶滅　小野耕資
【対談】
「親日の台湾」という幻想を捨てよ　稲村公望
TSMCの正体　深田萌絵
「大日本帝国憲法復元改正」は五十年以上、取り組んでいる重要な運動です。　川瀬善業

崎門学研究会・大アジア研究会合同編集　令和4年9月号
道義国家日本を再建する言論誌
維新と興亞
14
どうする日本外交
日米地位協定改定　日中国交正常化50年
日米安保条約を破棄すればいい　亀井静香
対米自立を政治の大きな流れに　鳩山友紀夫
日米地位協定改定の方策　上田清司
本音で日本の自立を語る　神谷宗幣
習近平後の日中関係　近藤大介
アジア主義と日中連携論　嵯峨隆
歴史を破壊する神宮外苑再開発　鈴木傾城

崎門学研究会・大アジア研究会合同編集　令和4年7月号
道義国家日本を再建する言論誌
維新と興亞
13
参院選
議席を狙う保守政党徹底比較
わが党こそが真の保守（維新）政党だ！
維新政党・新風
一陽会
参政党
新党くにもり
新党やまと
祖国再生同盟
つばさの党
日本改革党
日本国民党
日本第一党
自民改憲案の落とし穴
まず前文全体を削除せよ　原嘉陽
正しい日本語の憲法を　慶野義雄
「八紘為宇」の母体　西村眞悟

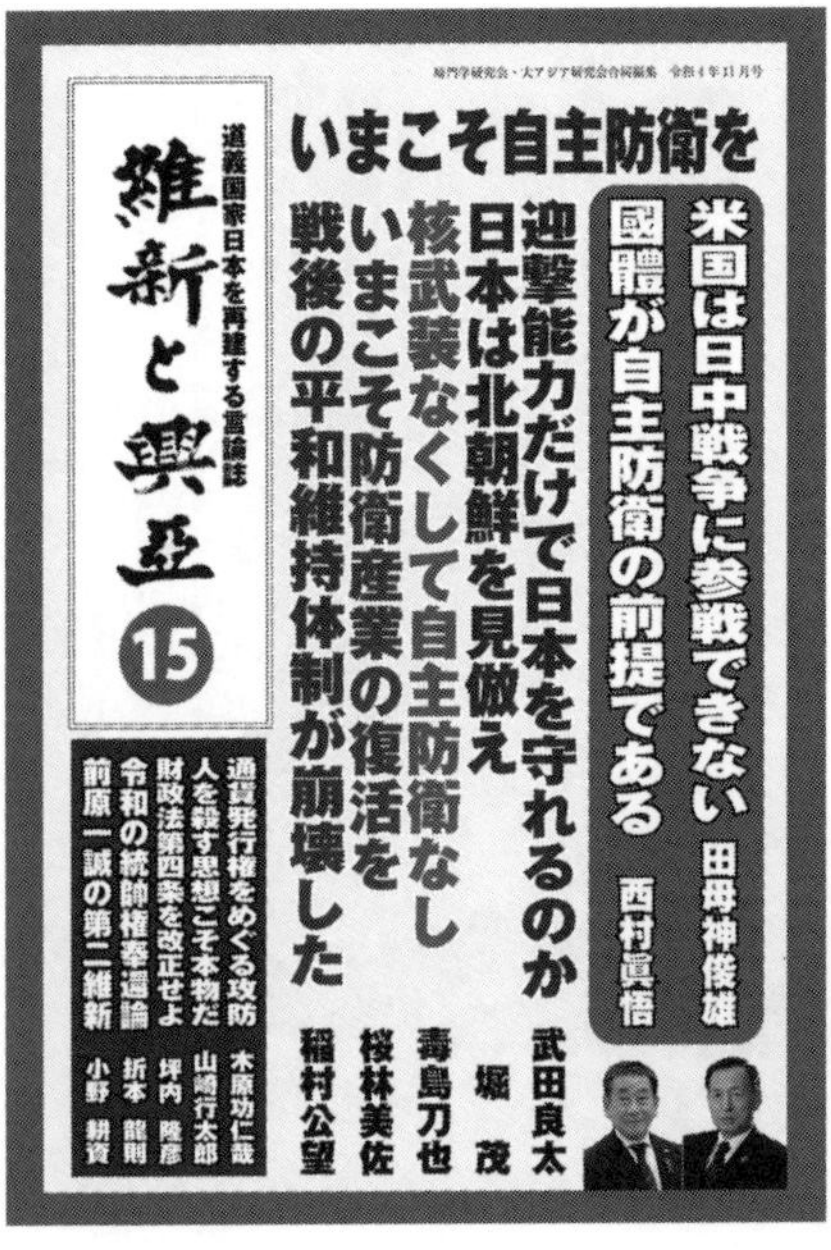
崎門学研究会・大アジア研究会合同編集　令和4年11月号
道義国家日本を再建する言論誌
維新と興亞
15
いまこそ自主防衛を
米国は日中戦争に参戦できない　田母神俊雄
國體が自主防衛の前提である　西村眞悟
迎撃能力だけで日本を守れるのか　武田良太
日本は北朝鮮を見倣え　堀茂
核武装なくして自主防衛なし　壽島刀也
いまこそ防衛産業の復活を　桜林美佐
戦後の平和維持体制が崩壊した　稲村公望
通貨発行権をめぐる攻防　木原功仁哉
人を殺す思想こそ本物だ　山崎行太郎
財政法第四条を改正せよ　坪内隆彦
令和の統帥権奉還論　折本龍則
前原一誠の第二維新　小野耕資

維新と興亜
「新右翼」が目指したもの
鈴木邦男と野村秋介
差別と闘うのが本来の右翼だ　安田浩一
反体制右翼としての誇りを　山平重樹
真の愛国者・鈴木邦男　花房東洋
「日本とは天皇なんだ」　蜷川正大
反共右翼から脱却した日　番家 誠
道義国家日本を再建する言論誌
令和5年
5月号
【第18号】
三島事件と平泉門下　小村和年
新右翼と「新勢力」　坪内隆彦
橘孝三郎と三島由紀夫　篠原 裕
千葉県政から日本を建て直す！　折本龍則
日本をダメにするジャニーズと吉本興業　小野耕資

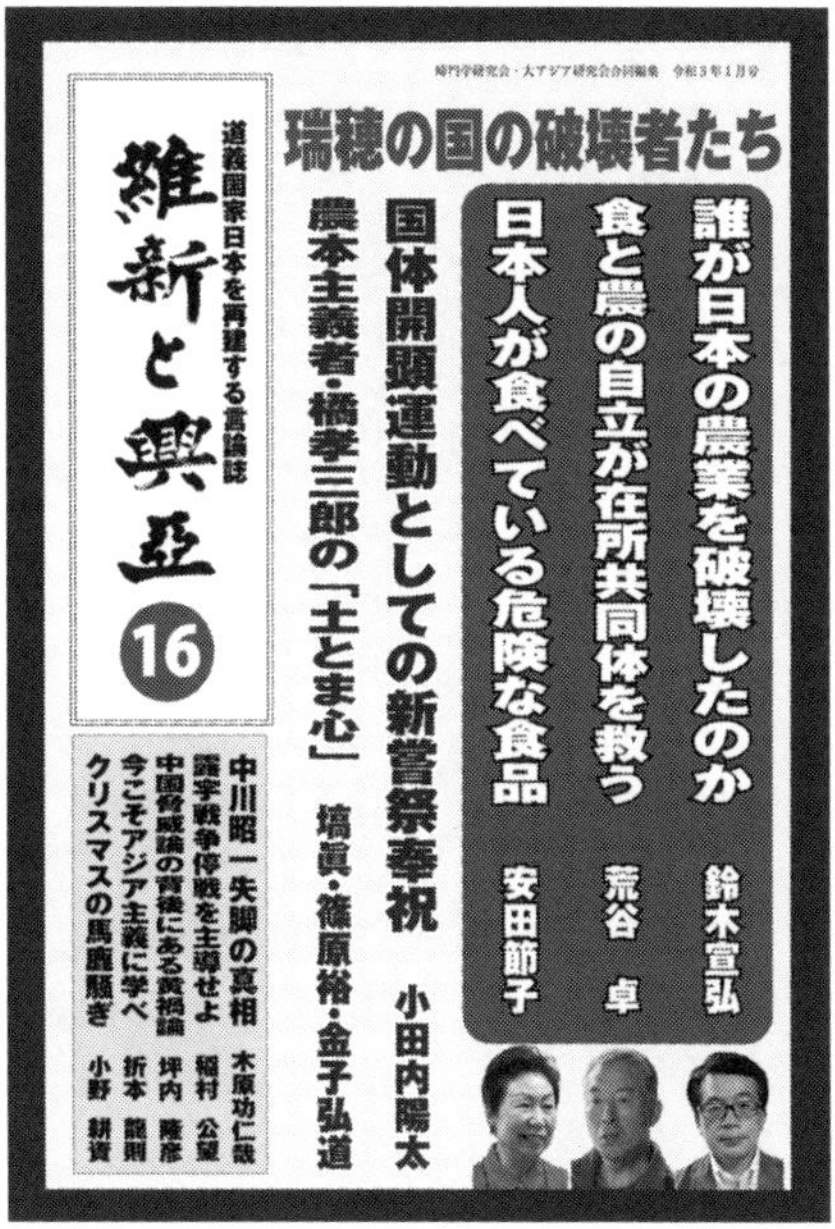
道義国家日本を再建する言論誌
維新と興亜
16
瑞穂の国の破壊者たち
誰が日本の農業を破壊したのか　鈴木宣弘
食と農の自立が在所共同体を救う　荒谷 卓
日本人が食べている危険な食品　安田節子
国体開顕運動としての新嘗祭奉祝　小田内陽太
農本主義者・橘孝三郎の「土とま心」　堀眞・篠原裕・金子弘道
中川昭一失脚の真相　木原功仁哉
露宇戦争停戦を主導せよ　稲村公望
中国脅威論の背後にある黄禍論　坪内隆彦
今こそアジア主義に学べ　折本龍則
クリスマスの馬鹿騒ぎ　小野耕資

維新と興亜
「希望の国日本」!?
維新の会は保守なのか
大阪を貧困化させた維新　西田昌司
維新は第二自民党なのか　藤井 聡
小池都知事と共通する権力への意思　上田令子
「ようこそ、最高で最低なこの国へ。」　なるせゆうせい
日越国交樹立50年　交流秘話
ベトナムの志士を裏切った日本政府
道義国家日本を再建する言論誌
令和5年
7月号
【第19号】
アジアの期待を裏切るな　石山栄一郎
勝つのはトランプだ！　稲村公望
大御心を踏みにじった維新議員　坪内隆彦
エマニュエル大使に抗議しよう！　折本龍則
権力のコバンザメ吉本興業　小野耕資

維新と興亜
國體と政治
守るべき日本の価値
日本の価値基準を国際標準に　城内 実
哲人政治が日本を救う！　神谷宗幣
既成政党に國體は守れない　福島伸享
日本人の「助け合いのDNA」　立花孝志
道義国家日本を再建する言論誌
令和5年
3月号
【第17号】
旧宮家養子を実現せよ　百地 章
知られざる社会主義者の國體観　梅澤昇平
國體弱体化政策の恐怖　金子宗徳
自給自足は巨大防衛力だ　木原功仁哉
石原莞爾とその時代　山崎行太郎

≪執筆者一覧（掲載順）≫

坪内隆彦　（本誌編集長）
折本龍則　（千葉県議会議員・崎門学研究会代表）
小野耕資　（本誌副編集長・大アジア研究会代表）
頭山興助　（呉竹会会長）
石瀧豊美　（イシタキ人権学研究所所長）
滝田諒介　（大アジア研究会同人）
犬塚博英　（八千矛社社主・民族革新会議顧問）
舟久保　藍　（歴史研究家）
小村和年　（前呉市長・日本学協会代表（常務）理事）
三浦夏南　（ひの心を継ぐ会会長）
浦辺　登　（一般社団法人 もっと自分の町を知ろう 会長）
小川寛大　（『宗教問題』編集長）
金子宗德　（亜細亜大学非常勤講師）
西村眞悟　（元衆議院議員）
木原功仁哉　（祖国再生同盟代表・弁護士）
杉本延博　（奈良県御所市議会議員）
倉橋　昇　（歴史学者）
川瀬善業　（株式会社フローラ会長）
玉川可奈子　（歌人）
屋　繁男　（歌人・評論家）
福山耕治　（医師）

道義国家日本を再建する言論誌
維新と興亜　十二月号

令和五年十月二十八日　発行

編　集　崎門学研究会　大アジア研究会
発行人　折本龍則（望楠書房代表）
〒279—0002
千葉県浦安市北栄一—一六—五—三〇二
TEL　047—352—1007（望楠書房）
Email　mail@ishintokoua.com
URL　https://ishintokoua.com

印　刷　中央精版印刷株式会社

※　一月号は令和五年十二月発行